Taschenschmöker aus Vergangenheit und Gegenwart

Taschenschmöker aus Vergangenheit und Gegenwart

Neu und wieder aufgelegt

Berlin 2021

Besuch aus dem Grab

Vampire und andere Untote in
klassischen Balladen und Gedichten

Edition Dornbrunnen

Taschenschmöker aus Vergangenheit und Gegenwart

Die Texte folgen meist alten Originalausgaben und wurden den aktuellen Rechtschreibregeln angepasst.

Korrekturen und Lektorat: Dirk Seliger

Die Deutsche Nationalbibliothek verzeichnet diese Publikation in der Deutschen Nationalbibliografie; detaillierte bibliografische Daten sind im Internet über
http://dnb.d-nb.de
abrufbar.

1. Auflage 2021

ISBN 978-3-943275-60-5

Sven-R. Schulz, Dornbrunner Straße 16, 12437 Berlin
www.edition-dornbrunnen.de
Titelgestaltung: Sven-R. Schulz unter Verwendung einer Grafik
von Bedřich Havránek (1821 bis 1899))

Druck und Vertrieb: Books on Demand GmbH, Norderstedt
PNTS33

Inhalt

Klassische Vampir-Lyrik

Als Heinrich August Ossenfelder (1728 bis 1801) 1748 sein kleines Gedicht *Der Vampir oder: Mein liebes Mägdchen glaubet* veröffentlichte, ahnte er wohl kaum, dass er damit in die Geschichte der modernen Unterhaltungsliteratur eingehen würde. Doch dieser »Ruhm« beruht nicht darauf, dass er ein herausragendes Werk geschaffen hat, sondern weil seine kleine, ehemals sogar als anstößig empfundene Reimerei[1] derzeit als das älteste bekannte Werk der Unterhaltungsliteratur gilt, in dem der noch heute so populäre Vampirstoff – unter der Nennung des Wortes Vampir – verarbeitet wurde. Das Gedicht, das ehemals in der als *physikalische Wochenschrift* bezeichneten Zeitschrift *Der Naturforscher* erschien, kann man wohl als eine Parodie auf ein Thema ansehen, das in der damaligen Zeit allgegenwärtig war, nämlich auf den vor allem im östlichen und südöstlichen Europa verbreiteten Glauben an Vampire. Da viele der betroffenen Landstriche seinerzeit zu Österreich gehörten, war es nur eine Frage der Zeit, bis diese Sagen, Märchen und Legenden, begleitet von mysteriösen Todesfällen und Grabschändungen, auch in Deutschland publik wurden, nachdem sich sogar Untersuchungsausschüsse und renommierte Wissenschaftler des Themas annehmen mussten und zahlreiche »Fachartikel« dazu verfasst wurden. Ossenfelder war nun, soweit eben bekannt, der erste Autor, der das Thema auch literarisch verarbeitete, ohne allerdings einen großen Einfluss auf die sich bald anschließende Vampirliteratur ausgeübt zu haben. Es war einfach ein Genre, das so gut in die Stimmung der Romantik passte, dass sich schon bald darauf bedeutende Autoren damit beschäftigten. Dabei fiel allerdings nicht immer der Begriff Vampir. Die Vorstellung von wiederkehrenden liebenden Toten, vor allem von jungen Frauen, muss auf die Menschen damals eine große Faszination ausgeübt haben.

Am Anfang waren es vor allem Gedichte und Balladen, doch bald folgten auch Novellen und später ganze Romane, in denen der

---

[1] Schmidt, Erich, *Ossenfelder, Heinrich August* in: Allgemeine *Deutsche Biographie 24* (1887), S. 498-499 [Online-Version]; URL: https://www.deutsche-biographie.de/pnd136016456.html#adbcontent

Vampirstoff aufgegriffen wurde. Bis heute wird der Vampirmythos um immer wieder neue Facetten ergänzt und erweitert.

Da sich die Vampirliteratur bis in die Gegenwart so großer Beliebtheit erfreut, kommt es ganz sicher nicht von ungefähr, dass auch die Klassiker des Genres immer wieder neu veröffentlicht werden; oft in Anthologien wie der hier vorliegenden.

Trotzdem unterscheidet sich diese Publikation von vielen anderen, denn sie beinhaltet ausschließlich klassische Vampirlyrik. Zwar enthalten auch andere Textsammlungen zum Thema Vampir des Öfteren Gedichte und Balladen, doch scheint es im deutschsprachigen Raum bisher keine Ausgabe zu geben, die sich eigens und ganz bewusst speziell der poetischen Vampirdichtung früherer Zeiten widmet. Bei der modernen Vampirlyrik ist das natürlich ganz anders.

Und so präsentiert das Buch nun eine bunte Mischung aus klassischen Gedichten und Balladen zum Thema Vampire und lebende Tote, wobei sich zeigt, dass es oftmals eine Sache der Interpretation sein dürfte, ob es in den hier präsentierten Werken tatsächlich um Vampire oder um andere Wiedergänger geht. In manchen Werken werden Vampire auch nur als Metapher erwähnt oder als Trugbilder von überschäumenden und/oder krankhaften Fantasien. Auf jeden Fall, so hofft der Verlag, findet der Leser auf den folgenden Seiten viel Unterhaltendes von bekannten wie auch weniger bekannten Autoren aus dem 18., 19. und frühen 20. Jahrhundert, von dem manches zur Weltliteratur gehört und anderes längst vergessen ist und hier »neu« vorgestellt wird.

Der Herausgeber

Heinrich August Ossenfelder

Der Vampir
oder: Mein liebes Mägdchen glaubet[1]

Mein liebes Mägdchen glaubet
Beständig steif und feste,
An die gegeb'nen Lehren
Der immer frommen Mutter;
Als Völker an der Theiße[2]
An tödliche Vampire
Heiduckisch[3] feste glauben.
Nun warte nur, Christianchen,
Du willst mich gar nicht lieben;
Ich will mich an dir rächen
Und heute in Tokajer[4]
Zu einen Vampir trinken.[5]
Und wenn du sanfte schlummerst,
Von deinen schönen Wangen
Den frischen Purpur saugen.
Alsdenn wirst du erschrecken,
Wenn ich dich werde küssen
Und als ein Vampir küssen:
Wenn du dann recht erzitterst
Und matt in meine Arme
Gleich einer Toten sinkest,
Alsdenn will ich dich fragen,
Sind meine Lehren besser,
Als deiner guten Mutter?

---

1 Der Text gilt derzeit als das früheste bekannte Vampirgedicht der modernen Literatur.
2 Die Theiß ist ein Nebenfluss der Donau, in die sie schließlich mündet, nachdem sie durch Rumänien, die Ukraine, die Slowakei, Ungarn und Serbien geflossen ist.
3 Traditionsreicher ungarischer Weißwein.
4 Wie ein Heiduck.
5 In einen Vampir verwandeln.

Gottfried August Bürger

Lenore

Im Winter 1773

Lenore fuhr ums Morgenrot
Empor aus schweren Träumen:
»Bist untreu, Wilhelm, oder tot?
Wie lange willst du säumen?« –
Er war mit König Friedrichs Macht
Gezogen in die Prager Schlacht
Und hatte nicht geschrieben,
Ob er gesund geblieben.

Der König und die Kaiserin,
Des langen Haders müde,
Erweichten ihren harten Sinn
Und machten endlich Friede;
Und jedes Heer, mit Sing und Sang,
Mit Paukenschlag und Kling und Klang,
Geschmückt mit grünen Reisern,
Zog heim zu seinen Häusern.

Und überall, all überall,
Auf Wegen und auf Stegen,
Zog Alt und Jung dem Jubelschall
Der Kommenden entgegen.
»Gottlob!«, rief Kind und Gattin laut,
»Willkommen!«, manche frohe Braut.
Ach! Aber für Lenoren
War Gruß und Kuss verloren.

Sie frug den Zug wohl auf und ab
Und frug nach allen Namen;
Doch keiner war, der Kundschaft gab,
Von allen, so da kamen.
Als nun das Heer vorüber war,

Zerraufte sie ihr Rabenhaar
Und warf sich hin zur Erde,
Mit wütiger Gebärde.

Die Mutter lief wohl hin zu ihr: –
»Ach, dass sich Gott erbarme!
Du trautes Kind, was ist mit dir?« –
Und schloss sie in die Arme. –
»O Mutter, Mutter! Hin ist hin!
Nun fahre Welt und alles hin!
Bei Gott ist kein Erbarmen.
O weh, o weh mir Armen!« –

»Hilf, Gott, hilf! Sieh uns gnädig an!
Kind, bet' ein Vaterunser!
Was Gott tut, das ist wohlgetan.
Gott, Gott erbarmt sich unser!« –
»O Mutter, Mutter! Eitler Wahn!
Gott hat an mir nicht wohlgetan!
Was half, was half mein Beten?
Nun ist's nicht mehr vonnöten.« –

»Hilf, Gott, hilf! Wer den Vater kennt,
Der weiß, er hilft den Kindern.
Das hochgelobte Sakrament
Wird deinen Jammer lindern.« –
»O Mutter, Mutter! Was mich brennt,
Das lindert mir kein Sakrament!
Kein Sakrament mag Leben
Den Toden wiedergeben.« –

»Hör, Kind! Wie, wenn der falsche Mann,
Im fernen Ungerlande[1],
Sich seines Glaubens abgetan,
Zum neuen Ehebande?
Lass fahren, Kind, sein Herz dahin!
Er hat es nimmermehr Gewinn!

[1] Ungarn.

Wann Seel' und Leib sich trennen,
Wird ihn sein Meineid brennen.« –

»O Mutter, Mutter! Hin ist hin!
Verloren ist verloren!
Der Tod, der Tod ist mein Gewinn!
O wär' ich nie geboren! –
Lisch aus, mein Licht, auf ewig aus!
Stirb hin, stirb hin in Nacht und Graus!
Bei Gott ist kein Erbarmen.
O weh, o weh mir Armen!« –

»Hilf, Gott, hilf! Geh nicht ins Gericht
Mit deinem armen Kinde!
Sie weiß nicht, was die Zunge spricht.
Behalt ihr nicht die Sünde!
Ach, Kind, vergiss dein irdisch Leid
Und denk an Gott und Seligkeit!
So wird doch deiner Seelen
Der Bräutigam nicht fehlen.« –

»O Mutter! Was ist Seligkeit?
O Mutter! Was ist Hölle?
Bei ihm, bei ihm ist Seligkeit,
Und ohne Wilhelm Hölle! –
Lisch aus, mein Licht, auf ewig aus!
Stirb hin, stirb hin in Nacht und Graus!
Ohn' ihn mag ich auf Erden,
Mag dort nicht selig werden.« – – –

So wütete Verzweifelung
Ihr in Gehirn und Adern.
Sie fuhr mit Gottes Fürsehung
Vermessen fort zu hadern;
Zerschlug den Busen und zerrang
Die Hand, bis Sonnenuntergang,
Bis auf am Himmelsbogen
Die goldnen Sterne zogen.

Und außen, horch, ging's trap, trap, trap,
Als wie von Rosseshufen;
Und klirrend stieg ein Reiter ab
An des Geländers Stufen;
Und horch! Und horch! Den Pfortenring
Ganz lose, leise, klinglingling!
Dann kamen durch die Pforte
Vernehmlich diese Worte:

»Holla, holla! Tu auf, mein Kind!
Schläfst, Liebchen, oder wachst du?
Wie bist noch gegen mich gesinnt?
Und weinest oder lachst du?« –
»Ach, Wilhelm, du? – So spät bei Nacht? –
Geweinet hab' ich und gewacht;
Ach, großes Leid erlitten!
Wo kommst du hergeritten?« –

„Wir satteln nur um Mitternacht.
Weit ritt ich her von Böhmen.
Ich habe spät mich aufgemacht
Und will dich mit mir nehmen.« –
»Ach, Wilhelm, erst herein geschwind!
Den Hagedorn[1] durchsaust der Wind,
Herein, in meinen Armen,
Herzliebster, zu erwarmen!« –

»Lass sausen durch den Hagedorn,
Lass sausen, Kind, lass sausen!
Der Rappe scharrt; es klirrt der Sporn.
Ich darf allhier nicht hausen.
Komm, schürze, spring und schwinge dich
Auf meinen Rappen hinter mich!
Muss heut noch hundert Meilen
Mit dir ins Brautbett eilen.« –

[1] Weißdornstrauch.

»Ach! Wolltest hundert Meilen noch
Mich heut ins Brautbett tragen?
Und horch! Es brummt die Glocke noch,
Die elf schon angeschlagen.« –
»Sieh hin, sieh her! Der Mond scheint hell.
Wir und die Toten reiten schnell.
Ich bringe dich, zur Wette,
Noch heut ins Hochzeitbette.« –

»Sag an, wo ist dein Kämmerlein?
Wo? Wie dein Hochzeitbettchen?« –
»Weit, weit von hier! – Still, kühl und klein! –
Sechs Bretter und zwei Brettchen!« –
»Hat's Raum für mich?« – »Für dich und mich!
Komm, schürze, spring und schwinge dich!
Die Hochzeitsgäste hoffen;
Die Kammer steht uns offen.« –

Schön Liebchen schürzte, sprang und schwang
Sich auf das Ross behände;
Wohl um den trauten Reiter schlang
Sie ihre Lilienhände;
Und hurre, hurre, hopp, hopp, hopp!
Ging's fort in sausendem Galopp,
Dass Ross und Reiter schnoben,
Und Kies und Funken stoben.

Zur rechten und zur linken Hand,
Vorbei vor ihren Blicken,
Wie flogen Anger, Heid' und Land!
Wie donnerten die Brücken! –
»Graut Liebchen auch? – Der Mond scheint hell!
Hurra! Die Toten reiten schnell!
Graut Liebchen auch vor Toten?« –
»Ach nein! – Doch lass die Toten!« –

Was klang dort für Gesang und Klang?
Was flatterten die Raben? –
Horch, Glockenklang! Horch, Totensang!

»Lasst uns den Leib begraben!«
Und näher zog ein Leichenzug,
Der Sarg und Totenbare trug.
Das Lied war zu vergleichen
Dem Unkenruf in Teichen.

»Nach Mitternacht begrabt den Leib,
Mit Klang und Sang und Klage!
Jetzt führ' ich heim mein junges Weib.
Mit, mit zum Brautgelage!
Komm, Küster, hier! Komm mit dem Chor,
Und gurgle mir das Brautlied vor!
Komm, Pfaff', und sprich den Segen,
Eh wir zu Bett uns legen!« –

Still Klang und Sang. – Die Bare schwand. –
Gehorsam seinem Rufen
Kam's, hurre, hurre, nachgerannt,
Hart hinters Rappen Hufen;
Und immer weiter, hopp, hopp, hopp!
Ging's fort in sausendem Galopp,
Dass Ross und Reiter schnoben,
Und Kies und Funken stoben.

Wie flogen rechts, wie flogen links,
Gebirge, Bäum' und Hecken!
Wie flogen links und rechts und links
Die Dörfer, Städt' und Flecken! –
»Graut Liebchen auch? – Der Mond scheint hell!
Hurra! Die Toten reiten schnell!
Graut Liebchen auch vor Toten?« –
»Ach! Lass sie ruh'n, die Toten!« –

Sieh da! Sieh da! Am Hochgericht
Tanzt um des Rades Spindel,
Halb sichtbarlich, bei Mondenlicht,
Ein luftiges Gesindel. –
»Sasa! Gesindel, hier! Komm hier!
Gesindel, komm und folge mir!

Tanz uns den Hochzeitreigen,
Wann wir zu Bette steigen!« –

Und das Gesindel husch, husch, husch!
Kam hinten nachgeprasselt,
Wie Wirbelwind am Haselbusch
Durch dürre Blätter rasselt.
Und weiter, weiter, hopp, hopp, hopp!
Ging's fort in sausendem Galopp,
Dass Ross und Reiter schnoben,
Und Kies und Funken stoben.

Wie flog, was rund der Mond beschien,
Wie flog es in die Ferne!
Wie flogen oben über hin
Der Himmel und die Sterne! –
»Graut Liebchen auch? – Der Mond scheint hell!
Hurra! Die Toten reiten schnell!
Graut Liebchen auch vor Toten?« –
»O weh! Lass ruh'n die Toten!« – – –

»Rapp'! Rapp'! Mich dünkt, der Hahn schon ruft. –
Bald wird der Sand verrinnen –
Rapp'! Rapp'! Ich wittre Morgenluft –
Rapp'! Tummle dich von hinnen! –
Vollbracht, vollbracht ist unser Lauf!
Das Hochzeitbette tut sich auf!
Die Toten reiten schnelle!
Wir sind, wir sind zur Stelle.« – – –

Rasch auf ein eisern Gittertor
Ging's mit verhängtem Zügel.
Mit schwanker Gert' ein Schlag davor
Zersprengte Schloss und Riegel.
Die Flügel flogen klirrend auf,
Und über Gräber ging der Lauf.
Es blinkten Leichensteine
Rund um im Mondenscheine.

Ha sieh! Ha sieh! Im Augenblick,
Huhu! Ein grässlich Wunder!
Des Reiters Koller, Stück für Stück,
Fiel ab, wie mürber Zunder.
Zum Schädel, ohne Zopf und Schopf,
Zum nackten Schädel ward sein Kopf;
Sein Körper zum Gerippe,
Mit Stundenglas und Hippe[1].

Hoch bäumte sich, wild schnob der Rapp'
Und sprühte Feuerfunken;
Und hui, war's unter ihr hinab
Verschwunden und versunken.
Geheul! Geheul aus hoher Luft,
Gewinsel kam aus tiefer Gruft.
Lenorens Herz, mit Beben,
Rang zwischen Tod und Leben.

Nun tanzten wohl bei Mondenglanz,
Rundum herum im Kreise,
Die Geister einen Kettentanz
Und heulten diese Weise:
»Geduld! Geduld! Wenn's Herz auch bricht!
Mit Gott im Himmel hadre nicht!
Des Leibes bist du ledig;
Gott sei der Seele gnädig!«

---

[1] Sense.

Johann Wolfgang von Goethe

Die Braut von Korinth

Romanze

Nach Korinthus von Athen gezogen
Kam ein Jüngling, dort noch unbekannt.
Einen Bürger hofft er sich gewogen,
Beide Väter waren gastverwandt,
Hatten frühe schon
Töchterchen und Sohn
Braut und Bräutigam, in Ernst, genannt.

Aber wird er auch willkommen scheinen,
Wenn er teuer nicht die Gunst erkauft?
Er ist noch ein Heide mit den Seinen,
Und sie sind schon Christen und getauft.
Keimt ein Glaube neu,
Wird oft Lieb und Treu
Wie ein böses Unkraut ausgerauft.

Und schon lag das ganze Haus im Stillen,
Vater, Töchter, nur die Mutter wacht;
Sie empfängt den Gast mit bestem Willen,
Gleich ins Prunkgemach wird er gebracht.
Wein und Essen prangt,
Eh er es verlangt,
So versorgend wünscht sie gute Nacht.

Aber bei dem wohlbestellten Essen
Wird die Lust der Speise nicht erregt,
Müdigkeit lässt Speis' und Trank vergessen,
Dass er angekleidet sich aufs Bette legt,
Und er schlummert fast,
Als ein seltner Gast
Sich zur offnen Tür hereinbewegt.

Denn er sieht, bei seiner Lampe Schimmer
Tritt mit weißem Schleier und Gewand,
Sittsam still ein Mädchen in das Zimmer,
Um die Stirn ein schwarz und goldnes Band.
Wie sie ihn erblickt,
Hebt sie, die erschrickt,
Mit Erstaunen eine weiße Hand.

»Bin ich«, rief sie aus, »so fremd im Hause,
Dass ich von dem Gaste nicht vernahm?
Ach! So hält man mich in meiner Klause!
Und nun überfällt mich hier die Scham.
Ruhe nur so fort
Auf dem Lager dort,
Und ich gehe schnell so wie ich kam.«

»Bleibe, schönes Mädchen!«, ruft der Knabe,
Rafft von seinem Lager sich geschwind.
»Hier ist Ceres', hier ist Bacchus' Gabe,
Und du bringst den Amor, liebes Kind.
Bist für Schrecken blass,
Liebe komm und lass
Lass uns sehn, wie froh die Götter sind.«

»Ferne bleib, o Jüngling! Bleibe stehen,
Ich gehöre nicht den Freuden an.
Schon der letzte Schritt ist, ach, geschehen,
Durch der guten Mutter kranken Wahn,
Die genesend schwur;
Jugend und Natur
Sei dem Himmel künftig untertan.

Und der alten Götter bunt Gewimmel
Hat sogleich das stille Haus geleert,
Unsichtbar wird einer nur im Himmel,
Und ein Heiland wird am Kreuz verehrt,
Opfer fallen hier,
Weder Lamm noch Stier,
Aber Menschenopfer unerhört.«

Und er fragt und wäget alle Worte,
Deren keines seinem Geist entgeht,
Ist es möglich, dass am stillen Orte
Die geliebte Braut hier vor mir steht?
»Sei die meine nur!
Unsrer Väter Schwur
Hat vom Himmel Segen uns erfleht.«

»Mich erhältst du nicht, du gute Seele,
Meiner zweiten Schwester gönnt man dich,
Wenn ich mich in stiller Klause quäle,
Ach, in ihren Armen denk an mich!
Die an dich nur denkt,
Die sich liebend kränkt,
In die Erde bald verbirgt sie sich.«

»Nein! Bei dieser Flamme sei's geschworen,
Gütig zeigt sie Hymen uns voraus,
Bist der Freude nicht und mir verloren,
Kommst mit mir in meines Vaters Haus.
Liebchen, bleibe hier,
Feire gleich mit mir
Unerwartet unsern Hochzeitschmaus.«

Und schon wechseln sie der Treue Zeichen,
Golden reicht sie ihm die Kette dar,
Und er will ihr eine Schale reichen,
Silbern, künstlich wie nicht eine war.
»Die ist nicht für mich,
Doch ich bitte dich,
Eine Locke gib von deinem Haar.«

Eben schlug die dumpfe Geisterstunde,
Und nun schien es ihr erst wohl zu sein.
Gierig schlürfte sie mit blassem Munde
Nun den dunkel blutgefärbten Wein,
Doch vom Weizenbrot,
Was er freundlich bot,
Nahm sie nicht den kleinsten Bissen ein.

Und dem Jüngling reichte sie die Schale,
Der wie sie nun hastig lüstern trank.
Liebe fordert er beim stillen Mahle,
Ach, sein armes Herz war liebekrank.
Doch sie widersteht,
Wie er immer fleht,
Bis er weinend auf das Bette sank.

Und sie kommt und wirft sich zu ihm nieder:
»Ach, wie ungern seh' ich dich gequält!
Aber ach! Berührst du meine Glieder,
Fühlst du schaudernd, was ich dir verhehlt.
Wie der Schnee so weiß,
Aber kalt wie Eis
Ist das Liebchen, das du dir erwählt.«

Heftig fasst er sie mit starken Armen,
Von der Liebe Jugendkraft durchmannt:
»Hoffe doch, bei mir noch zu erwarmen,
Wärst du selbst mir aus dem Grab gesandt!
Wechselhauch und Kuss!
Liebesüberfluss!
Brennst du nicht und fühlest mich entbrannt?«

Liebe schließet fester sie zusammen,
Tränen mischen sich in ihre Lust,
Gierig saugt sie seines Mundes Flammen,
Eins ist nur im andern sich bewusst;
Seine Liebeswut
Wärmt ihr starres Blut,
Doch es schlägt kein Herz in ihrer Brust.

Unterdessen schleichet auf dem Gange
Häuslich spät die Mutter noch vorbei,
Horchet an der Tür und horchet lange,
Welch ein sonderbarer Ton es sei?
Klag und Wonne Laut,
Bräutigams und Braut,
Und des Liebestammelns Raserei.

Unbeweglich bleibt sie an der Türe,
Weil sie erst sich überzeugen muss,
Und sie hört die höchsten Liebesschwüre,
Lieb- und Schmeichelworte mit Verdruss –
Still der Hahn erwacht;
Aber morgen Nacht
Bist du wieder da? – Und Kuss auf Kuss.

Länger hält die Mutter nicht das Zürnen,
Öffnet das bekannte Schloss geschwind –
Gibt es hier im Hause solche Dirnen,
Die dem Fremden gleich zu Willen sind? –
So zur Tür hinein!
Bei der Lampe Schein
Sieht sie, Gott, sie sieht ihr eigen Kind!

Und der Jüngling will im ersten Schrecken
Mit des Mädchens eignem Schleierflor,
Mit dem Teppich die Geliebte decken,
Doch sie windet gleich sich selbst hervor;
Wie mit Geists Gewalt
Hebet die Gestalt,
Lang und langsam sich im Bett empor.

»Mutter! Mutter!«, spricht sie hohle Worte.
»So missgönnt Ihr mir die schöne Nacht!
Ihr vertreibt mich von dem warmen Orte,
Bin ich zur Verzweiflung nur erwacht?
Ist's Euch nicht genug,
Dass ins Leichentuch,
Dass Ihr früh mich in das Grab gebracht?

Aber aus der schwerbedeckten Enge
Treibet mich ein eigenes Gericht,
Eurer Priester summende Gesänge
Und ihr Segen haben kein Gewicht;
Salz und Wasser kühlt
Nicht, wo Jugend fühlt,
Ach, die Erde kühlt die Liebe nicht.

Dieser Jüngling war mir erst versprochen,
Als noch Venus' heitrer Tempel stand.
Mutter, habt Ihr doch das Wort gebrochen,
Weil ein fremd, ein falsch Gelübd' Euch band!
Doch kein Gott erhört,
Wenn die Mutter schwört,
Zu versagen ihrer Tochter Hand.

Aus dem Grabe werd' ich ausgetrieben,
Noch zu suchen das vermisste Gut,
Noch den schon verlornen Mann zu lieben
Und zu saugen seines Herzens Blut.
Ist's um den geschehn,
Muss nach andern gehn,
Und das junge Volk erliegt der Wut.

Schöner Jüngling, kannst nicht länger leben,
Du versiechest nun an diesem Ort,
Meine Kette hab' ich dir gegeben,
Deine Locke nehm' ich mit mir fort.
Sieh sie an genau,
Morgen bist du grau,
Und nur braun erscheinst du wieder dort.

Höre, Mutter, nun die letzte Bitte:
Einen Scheiterhaufen schichte du,
Öffne meine bange kleine Hütte,
Bring in Flammen Liebende zur Ruh.
Wenn der Funke sprüht,
Wenn die Asche glüht,
Eilen wir den alten Göttern zu.«

Johann Wolfgang von Goethe

Der Totentanz

Der Türmer, der schaut zumitten der Nacht
Hinab auf die Gräber in Lage;
Der Mond, der hat alles ins Helle gebracht;
Der Kirchhof, er liegt wie am Tage.
Da regt sich ein Grab und ein anderes dann:
Sie kommen hervor, ein Weib da, ein Mann,
In weißen und schleppenden Hemden.

Das reckt nun, es will sich ergötzen sogleich,
Die Knöchel zur Runde, zum Kranze,
So arm und so jung und so alt und so reich;
Doch hindern die Schleppen am Tanze.
Und weil hier die Scham nun nicht weiter gebeut[1],
Sie schütteln sich alle, da liegen zerstreut
Die Hemdelein über den Hügeln.

Nun hebt sich der Schenkel, nun wackelt das Bein,
Gebärden da gibt es vertrackte;
Dann klippert's und klappert's mitunter hinein,
Als schlüg man die Hölzlein zum Takte.
Das kommt nun dem Türmer so lächerlich vor;
Da raunt ihm der Schalk, der Versucher, ins Ohr:
»Geh! Hole dir einen der Laken.«

Getan wie gedacht! Und er flüchtet sich schnell
Nun hinter geheiligte Türen.
Der Mond und noch immer er scheinet so hell
Zum Tanz, den sie schauderlich führen.
Doch endlich verlieret sich dieser und der,
Schleicht eins nach dem andern gekleidet einher,
Und husch ist es unter dem Rasen.

---

[1] Veraltet für »gebietet«.

Nur einer, der trippelt und stolpert zuletzt
Und tappet und graps't[1] an den Grüften;
Doch hat kein Geselle so schwer ihn verletzt;
Er wittert das Tuch in den Lüften.
Er rüttelt die Turmtür, sie schlägt ihn zurück,
Geziert und gesegnet, dem Türmer zum Glück,
Sie blinkt von metallenen Kreuzen.

Das Hemd muss er haben, da rastet er nicht,
Da gilt auch kein langes Besinnen,
Den gotischen Zierrat ergreift nun der Wicht
Und klettert von Zinne zu Zinnen.
Nun ist's um den armen, den Türmer getan!
Er ruckt sich von Schnörkel zu Schnörkel hinan,
Langbeinigen Spinnen vergleichbar.

Der Türmer erbleichet, der Türmer erbebt,
Gern gäb er ihn wieder, den Laken.
Da häkelt – jetzt hat er am längsten gelebt –
Den Zipfel ein eiserner Zacken.
Schon trübet der Mond sich verschwindenden Scheins,
Die Glocke, sie donnert ein mächtiges Eins,
Und unten zerschellt das Gerippe.

[1] Grapscht.

Novalis

Hinüber wall' ich[1]

Hinüber wall' ich,
Und jede Pein
Wird einst ein Stachel
Der Wollust sein.
Nach wenig Zeiten,
So bin ich los
Und liege trunken
Der Lieb' im Schoß.
Unendliches Leben
Wogt mächtig in mir;
Ich schaue von oben
Herunter nach dir.
An jenem Hügel
Verlischt dein Glanz,
Ein Schatten bringet
Den kühlenden Kranz.
O sauge, Geliebter,
Gewaltig mich an,
Dass ich entschlummern
Und lieben kann.
Ich fühle des Todes
Verjüngende Flut,
Zu Balsam und Äther
Verwandelt mein Blut.
Ich lebe bei Tage
Voll Glauben und Mut
Und sterbe die Nächte
In heiliger Glut.

---

1 Das Gedicht hat keinen eigenen Titel.

Samuel Taylor Coleridge
Christabel[1]

Aus der Vorrede zur Ausgabe von 1816

– – – »Ich habe nur noch hinzuzufügen, dass das Versmaß der *Christabel*, im eigentlichen Sinne des Wortes, nicht unregelmäßig ist, wiewohl dies so scheinen mag, aus dem Grunde, weil es auf ein neues Prinzip gegründet ist, nämlich auf das: in jeder Zeile die Akzente und nicht die Silben zu zählen. Es mögen die letzteren in der Zahl von sieben bis zwölf variieren, so werden doch in jeder Zeile nur vier Akzente angetroffen werden. Dennoch aber habe ich diese gelegtsittliche Abweichung in der Silbenzahl nicht ganz rücksichts- und bedeutungslos angewandt, oder bloß weil es mir so bequemer war, sondern ich habe mich derselben nur bei solchen Wendungen bedient, wo dies der Natur der Bilder oder der Empfindung entsprach.«

Erste Abteilung

's ist Mitternacht – sagt die Schlossuhr an,
Und die Eulen weckten den Göckelhahn,
Tu-with! – Tu-whu!
Hört noch einmal dem Göckelhahn –
Wie kräht er schläfrig! – zu.

Herr Leoline, der reiche Baron,
Hat eine Dogge, zahnlos schon;
Dort unterm Fels, aus ihrem Stall,
Antwortet die dem Glockenschall;
Viermal bei Vierteln und Zwölfmal bei Voll
Heult sie, ob's regnen, ob's klar sein soll,
Sechzehn Mal, kurz, nicht überlaut. –
Ob sie den Geist der Baronin erschaut?

[1] Die Ballade blieb unvollendet. Insgesamt sollte sie wohl fünf Abteilungen umfassen, von denen nur die ersten beiden vollendet worden sind. Trotzdem gilt das Werk als einer der großen Klassiker der Vampirliteratur.

Ist die Nacht frostig und schwarz?
Die Nacht ist frostig, aber nicht schwarz,
Dünn grau Gewölk dort oben deckt
Den Himmel, den es nicht versteckt;
Der Mond steht dahinter, und voll ist er;
Er schaut so klein, so matt daher.
Die Nachtkühl' sagt's, der graue Flor:
Es ist der Monat dem Mai bevor,
Und langsam tritt der Lenz hervor.

Und Christabel, die holde Maid,
Ihres Vaters Lust und Freud', –
Was macht's, dass sie im Wald so spät
Viel Klafter[1] fern vom Schlosstor geht?
Des verlobten Ritters dacht'
Viel im Traum sie gestern Nacht;
Nun will sie beten im wichtigen Wald
Fürs Wohl des Geliebten, der ferne ihr wallt.

Sie spricht kein Wort; behutsam sie schleicht;
Selbst ihre Seufzer sind lind' und leicht.
Nichts Grünes ist noch auf der Eich'
Als Moos und spärlich Mistelgesträuch;
Am mächtigen Eichstamm beugt sich ihr Knie,
Und im Stillen betet sie.

Das Fräulein sprang empor geschwind –
Die Christabel, das holde Kind.
Es wimmert was, ganz nah, ganz dicht; –
Doch was es ist, sie weiß es nicht! –
Von jener Seite, so schien es ihr, kam's,
Des alten breitbusigen Eichenstamms.

Kühl ist die Nacht, kahl steht der Wald;
Ist's Windgeheul, das so schaurig schallt?
Nicht so viel Wind streicht durch die Luft,

[1] *A furlong*, Längenmaß von ungefähr ⅛ (engl.) Meile; dürfte vielleicht hier, mit dem Ausdruck von: ein Pfluggewende lang, wie die Landleute in manchen Gegenden sagen, zu geben sein. *(Anm. d. Übers.)*

Dass er das Ringellöckchen regt
Auf des lieblichen Kindes Wang'; –
Nicht so viel Wind, dass er bewegt
Ein einzig rot Blatt, – von allen der Rest –
Das tanzend stets sich schaukeln lässt;
Wie locker es hangt, wie hoch, – es nickt
Vom obersten Zweig, der wolkenan blickt.

Husch! Christabels Herz, wie pocht es wild.
Jesus, Maria! O seid ihr Schild!
Sie faltet die Hände unter dem Kleid,
Und schleicht um die Eiche zur andern Seit', –
Was sieht sie dorten?

Sie sieht: Ein reizend Frauenbild stand,
Gehüllt in ein weiß-seidnes Gewand,
Das schattig in dem Mondlicht schien; –
Der Hals, – noch weißer als das Kleid, –
Der stolze Nacken, die Arme, – bloß;
Der Fuß, blauadrig, sandellos[1];
Und Blitz von edelem Gestein
Ins Haar gesteckt, gab muntern Schein.

»Maria, Mutter! Nun schütze mich!«,
(Rief Christabel.) »Wer bist du? Sprich!«

Hierauf die fremde Dame sprach,
Und ihre Stimme klang sanft, doch schwach:
»Zeig Mitleid meinem Unglück doch;
Ich bin so matt, kaum sprech' ich noch.
Reich mir die Hand! Sei sorgenleer!« –
Sprach Christabel: »Wie kamst du her?«
Und die Dame mit sanfter Stimme, doch schwach,
Alsbald hieran zur Antwort sprach:

»Mein Vater ist von edlem Stamme,
Und Geraldine ist mein Name. –

[1] Im Original steht *»unsandal'd«*, also ohne Sandalen, barfüßig.

Fünf Kriegsleut' kamen gestern früh,
Mich armes Mädchen raubten sie;
Gewalt und Dräu'n[1] den Mund mir schloss.
Man band mich auf ein weißes Ross;
Das Ross flog wie der Wind so jach[2],
Und sie, wie rasend stets mir nach;
Auf weißen Rossen auch sie, gejagt
Vom Stachel der Sporn, ging's durch die Nacht.
So wahr der Himmel mich möge befrei'n,
Ich wusste nicht, wer die Männer sei'n;
Auch weiß ich nicht, wie lang' es war –
(Denn ich lag meiner Sinne bar) –
Bis von den Fünfen der Schlankste kam
Und mich vom Rosses-Rücken nahm,
Mich armes, halbtotes Weib!
Nachdem sie erst heimlich Gespräch gepflegt,
Hat er mich unter die Eiche gelegt,
Und schwur: Sie kämen zurück in Hast; –
Wohin sie gingen, blieb keine Spur. –
Da war mir's, nach Minuten Rast,
Als schlüge eine Schlossturm-Uhr. –
Reich mir die Hand«, – so endete sie, –
»Und hilf mir Ärmsten, dass ich flieh'!« –

Die Hand bot Christabel sogleich
Zum Trost der schönen Geraldine:
»Ja, hohe Frau, dem Dienst für Euch
Weiht gerne sich Herr Leoline.
All unsre tapfern Reis'ge[3] beut[4]
Er auf, und unsre Freunde alle,
Zu Euerm sicheren Geleit
Nach Eures edlen Vaters Halle.«

Das Paar brach auf mit raschem Tritt,
Doch forderte nicht sehr ihr Schritt.

---

1 Drohungen.
2 Jäh.
3 Reisige = altes Wort für Abgesandte.
4 Bieten.

Die Dame ihren Glücksstern schätzt;
Drauf sprach die holde Christabel:
»Der ganze Hausstand schlummert jetzt,
Die Halle schweigt gleich einer Zell'.
Herr Leoline kränkelt schier,
Und mag nicht gern erwecket sein.
Doch leise schleichen wollen wir;
Und, – mögt Ihr solche Gunst mir leih'n –,
So teilt heut Nacht das Lager mein.«

Sie kreuzen den Graben. Christabel fasst
Den Schlüssel jetzt, der trefflich passt;
Ein kleines Pförtchen offen stand,
Das mitten sich im Tor befand,
Dem Eisen-Beschlag-Tor, durch das ein Heer
In Schlachtordnung gezogen wär.
Hier sank – vermutlich vor Leid – die Dam',
Doch Christabel unter die Arme sie nahm
Und sie, wie schwer die Last auch wog,
Hin über die Schwelle des Tores zog.
Hier stand die Dame auf und schritt,
Als ob sie nie ein Leid erlitt; –

So frei von Gefahr, von Angst befreit,
Ging's durch den Hof, beid' hoch erfreut.
Und Christabel rief andächtiglich
Der Dame zu, die neben ihr schlich:
»Preisen wollen Marien wir,
Die dein Unglück gewendet hat!« –
»Ach, ach!«, rief Geraldine hier,
»Ich kann nicht sprechen, so bin ich matt!« –
So frei von Gefahr, von Angst befreit,
Ging's durch den Hof, beid' hoch erfreut.

Die alte Dogge lag vor dem Stall
Und schnarcht' beim kühlen Mondlichts-Fall;
Nicht ward die alte Dogge gestört,
Doch wohl ein mürrisch Winseln gehört.
Was mochte der alten Dogge sein?

Sie ließ ja sonst Geheul, Gebell,
Unterm Auge der Christabel.
Es war vielleicht der Eule Schrei'n, –
Was sollte der alten Dogge sein?

Sie schritten durch die Halle; die schallt,
Wenn ihr noch so leise wallt.
Das Feu'r lag platt, dem Sterben nah,
In weißer, eigener Asche da,
Doch als die Dame vorbeischritt, da kam
Eine Zunge von Licht, der Zuck einer Flamm';
Und Christabel sah beim Blitze des Lichts
Das Auge der Dame und weiter nichts
Als den Buckel von Herrn Leolines Schild,
Der eine düstre Wand-Nische füllt.
»O bitte«, sprach Christabel, »tritt doch recht leicht
Des Vaters Schlaf ist schnell verscheucht.«

Die Füße entblößt tritt Christabel hin,
Und zürnend der Lust, der Lauscherin,
Von Stufe zu Stufe geht's immerhin,
Bald im Dunkel und bald im Schimmer.
Jetzt schreiten sie durch des Barones Zimmer,
Den Atem gehalten, still wie der Tod!
Nun endlich ist es zu finden geglückt
Der Schlafkammer Tür. Der Binsen-Flur[1],
Er wird schon von Geraldinen gedrückt.

Matt leuchtete draußen der Mondenschein,
Und nicht ein Mondstrahl drang hinein;
Doch ohne Licht auch seh'n sie itzt[2]
Die Kammer, wunderbar geschnitzt.
Geschnitzte Figuren, seltsam, doch schön,
Wie sich des Schnitzers Hirn sie denkt,
Passend im Zimmer für Mädchen zu steh'n.

[1] Im Original steht »*... doth Geraldine press down the rushes of the chamber floor*«, was eine nicht wörtlich übersetzbare Redewendung bzw. Phrase darstellt. Gemeint ist, dass Geraldine eilends in die Kammer entschwindet.

[2] Jetzt.

Die Lampe vom Fuß eines Engels hängt,
Zu der zwei güldene Kettlein geh'n.
Die Silberlampe brannte nicht hell,
Und fachen will sie Christabel;
Sie fachte die Lampe, sie machte sie klar,
Und ließ sie, die hin und her schwang, zurück,
Indes Geraldine gesunken war
Zu Boden, gebeugt von ihrem Geschick.

»O Geraldine! Du mattes Kind!
Trink, bitt ich, diesen herzstärkenden Wein;
Aus wilden Blumen, die tugendsam sind,
Und kräftig macht' ihn mein Mütterlein.«

»Und hätte dein Mütterlein wohl mit mir
Mitleiden, – mit der Verlassenen Not?« –
»Ach!«, Christabel seufzt. »Ich brachte ihr,
Als sie mich eben geboren, den Tod!
Mir sagte der Pater mit grauem Gelock,
Wie auf dem Todbett sie noch sprach:
Vernehmen werd' sie zwölf Schläge der Glock'
Der Schlosses Uhr, wann Hochzeit ich mach'.
Ach, Mütterlein lieb, ach wärest du hier!« –
»Das wünsch ich«, sprach Geraldine, »mit dir!«
Doch gleich mit veränderter Stimme rief sie:
»Fort, wandernde Mutter! Musst weichen, musst dienen!
Ich habe die Macht und gebiete dir: Flieh!« –
Was fehlt der armen Geraldinen?
Was irrt ihr Auge so unstet, voll Grauen?
Kann sie leiblose Tote schauen?
Was soll mit hohler Stimme ihr Schrei'n:
»Fort, Weib! Jetzt ist mein Stündlein erschienen!
Und magst du auch ihr Schutzgeist sein,
Jetzt fort, fort, Weib! Jetzt ist sie mein!« –

Und Christabel kniet der Dame zur Seiten,
Und die blauen Augen gen Himmel sie schlägt:
»Ach, teure Dame! Das spukhafte Reiten,
(So spricht sie) es hat euch schier aufgeregt!«

Die Dame wischt sich den kalten Schweiß:
»Es ist schon vorüber!«, so spricht sie leis.

Und wieder vom Wild-Blumen-Wein sie trank,
Und wieder ihr schönes Auge blitzt,
Und von dem Flur, auf den sie sank,
Erhob sich ganz aufrecht die Dame itzt.
Höchst lieblich war sie, gleich den Frauen
Aus fernen Landen anzuschauen.

Und also die hohe Dame sprach:
»Die Wesen jenseits der Wolken sind
Dir alle, fromme Christabel, hold,
Wie du sie liebst. Sie ahm' ich nach;
Und weil du Wohltat mir gezollt,
So sinn' auch ich, du schönes Kind,
Wie ich nach Kräften dir lohnen sollt'.
Doch jetzt entkleide dich; ich pfleg'
Zu beten, bevor ich zu Bett mich leg!« –

»Dem sei also«, sprach Christabel
Und tat ganz nach der Dame Befehl;
Enthüllte die zarten Glieder vom Kleid
Und lag in all ihrer Lieblichkeit.

Doch wogt im Hirn ein Gedankenmeer
Von Wohl und Wehe ihr hin und her, –
Die Augenlider schlossen sich nicht;
Drum gab sie, im Bette halb aufgericht',
Gestützt auf den Ellbogen, acht,
Was Dame Geraldine macht.

Die Dame sitzt unter der Lampe, gebückt;
Mit rollendem Auge umher sie blickt;
Dann holt sie laut den Atem auf,
Wie einer, der schaudert, und löst darauf
Von ihrer Brust das Gürtelband.
Ihr seidenes Kleid, ihr Untergewand,
Glitt zu den Füßen, – und es erscheint –

Seht da! Den Busen! Die halbe Seit –!
Solch Bild, man träumt's, doch nennt's kein Wort.
Ihr Heiligen! Seid Christabels Hort!

Nichts sprach, nichts regt sich in Geraldinen.
Wie ihre Blicke so starr erschienen,
Wie sie vom Innern zu wälzen sucht
Mit schwacher Kraft eine schwere Wucht,
Das Mädchen beschaut und Aufschub sucht!
Doch schnell, als ob sie der Schwäche sich zeiht,
Rafft sie mit Hohn und Trotzigkeit
Sich auf, und legt sich dem Mädchen zur Seit!
Und um das Mädchen den Arm sie schlang.
O weh! Ach! Ach!
Und schmerzvollen Blicks, mit leisem Klang
Sie also sprach:
»Der Zauber in diesem Busen wirkt schnell,
Ist Herr deiner Rede nun, Christabel!
Du kanntest schon heut, wirst kennen es morgen
Das Siegel der Schmach, das Mal meiner Sorgen;
ergebens doch zeugst du;
Denn das allein kannst du
Verkünden: Du habest
Im Dunkel des Waldes
Leis' ächzen gehört,
Und dort gefunden ein reizendes Weib
Die du aus Mitleid ins Haus geladen,
Dass ihr nicht möge die Nachtfeuchte schaden.«

Beschluss der ersten Abteilung

Was kam dem holden Bilde gleich,
Als Christabel so anmutreich
Gebetet bei der alten Eich'!
Wo sich gezackte Schatten
Moosiger Zweige gatten,
Kniend im Mondlicht sie lag,
Kindlich Gebete sprach;

Die zarten Arme gefaltet, fest
Auf die wogende Brust gepresst;
Ihr Antlitz, – komm Wohl oder Wehe, – sich gleich; –
Ihr Antlitz, o nennt es schön, nicht bleich,
Die blauen Augen, mehr hell als klar,
An ihnen hangend ein Tränenpaar.

Mit offnen Augen – (Weh! Wehe mir!)
So schläft sie furchtbar träumend hier,
Furchtbar träumend, jedoch ihr wisst,
Träumend nur von dem, was ist. –
O Schande! O Schmach! Das wäre die Dam',
Die kniete beim alten Eichenstamm;
Und sie, die Stifterin des Harms,
Sie hält das Mädchen geschlossenen Arms,
Scheint zu schlummern so sanft und lind
Wie eine Mutter mit ihrem Kind!

Ein Stern ging unter, ein Stern erstand
Seit, Geraldine, die liebliche Kleine
Der Kerker deines Arms umwand.
O Geraldine! Die Stunde war deine, –
Du hatt'st deinen Willen! In ihr erklang
Am Bache, im Wald, keines Nachtvogels Sang;
Jetzt jubeln aufs Neue sie immer zu,
Vom Felsen, vom Turme, – Tu-with! Tu-whu!
Tu-whu! Tu-whu, klingt's waldwärts hell;
Und seht! Die Jungfrau, Christabel,
Sie sammelt sich von der Betäubung, regt
Die starren Glieder; im Angesicht trägt
Sie sanfte Trauer; ums Auge noch schließt
Das zarte Lid; die Träne fließt;
Aus breiten Wimpern ein Tränenstrom bricht:
Mitunter doch scheint's, lächle sie noch,
Wie Kinder bei plötzlichem Licht.
Ja, sie lächelt, sie lächelt und weint,
Gleichend jungen Einsiedler-Frauen,
Die in der Wildnis noch reizend zu schauen,
Deren Schlummer Gebet selbst scheint.

Und wenn sie auch unruhig tut,
So macht's vielleicht das freie Blut
Das, rückwärts strömend, die Füße ihr sticht.
Gewiss, sie sieht ein schönes Gesicht!
Sollt' das etwa ihr Schutzgeist sein?
Naht ihr vielleicht ihr Mütterlein?
Eins weiß ihr Herz: In Freude, im Schmerz
Helfen die Heiligen jedem, der ruft, –
Denn allen wölbt blau sich des Himmels Lust!

Zweite Abteilung

»Jeder Morgen-Glocke Ton
Weckt uns zu Toten«, sprach der Baron.
Er sprach zuerst so, als er erstand
Und tot zur Seite die Gattin fand,
Und oft noch wird er führen die Klage,
Bis zum Morgen von seinem Sterbetage.

Und seit der Zeit der Brauch begann,
Dass bis zur Dämm'rung der Sakristan[1],
Der die schwere Glocke schwingt,
Vierzig Paternoster singt.[2]
Nach jedem Schlage. – Wie warnend das klingt!
Nicht eine Seele, die das nicht höre
Von Brathay-Heide[3] bis Windermere[4].

Sprach Bracy, der Bard': »So mag es nur läuten,
Und mag der schläfrige Sakristan
So langsam zählen, wie er nur kann!
's gibt deren schon, denk ich, die recht beflissen
Die Pausen zu benutzen wissen.

---

[1] Küster, Kirchendiener.
[2] Nach dem Original: Fünfundvierzig Rosenkranz-Körner zählt. *(Anm. d. Übers.)*
[3] Im Original steht »Bratha Head«. Gemeint ist hier vermutlich die Auen- bzw. Heidelandschaft am Fluss Brathay im Lake District in der Grafschaft Cumbria (England).
[4] Größter See Englands, im Lake District gelegen, im Original »Wyndermere« geschrieben.

Auf Langdale-Fels[1], der Hexen Schluft[2],
Im Dungeon-Loch[3], so wild zersprengt,
Sind an Stricken von Fels bei Glocken von Luft,
Drei sündiger Küster Geister gezwängt,
Die einer nach dem andern zurücke geben
Den Todesruf dem Bruder im Leben.
Ja oft wenn ihm das Läuten zu toll,
Und just ihr Eins! Zwei! Drei! verscholl',
Verspottet der Teufel den traurigen Sang
Von Boredale[4] her mit lustigem Klang!«

Die Luft ist still! Laut schwingt sich schon
Durch Nebel und Wolken der lustige Ton;
Und leicht springt Geraldine vom Bette
Als ob sie nun keine Furcht mehr hätte;
Legt an ihr weißes, seidnes Gewand
Und flicht ihr Haar in ein liebliches Band
Und weckt, dem Zauber trauend, zur Stell
Die holde Jungfrau Christabel.
»Schläfst, holdes Kind, du, Christabel?
Nun! Wer gut schlief, schläft, bis es hell!«

Und Christabel guckte, als sie nun wach, –
Es war dieselbe, die neben ihr lag!
O, saget lieber, sie war die gleich',
Die gestern sie fand bei der alten Eich'!
Nein, schöner noch! Viel schöner weit!
Vermutlich daher, weil sie tief
Des Schlummers Segen trank und schlief.
Und als sie sprach, wies Dankbarkeit,
Blick, Ton – und so viel Artigkeit,
Dass in dem Gürtelkleide kaum
Für ihres Busens Wallung Raum.

1 Im Original steht »Langdale Pike«. Damit ist eine Gruppe von Bergspitzen an der Nordseite des Great Langdale-Tals in Cumbria/England gemeint.
2 Anderes Wort für »Schlucht«.
3 Gemeint ist der Dungeon Ghyll, ein Wildwasserlauf im Lake District in Cumbria mit dem Wasserfall Dungeon Ghyll Force.
4 Im Original steht »Borodale«. Das ist ein Tal im Lake District in Cumbria, das auch den Gebirgspass Boredale Hause beinhaltet.

»Gewiss!«, sprach die Jungfrau. »Ich sündigte schwer!
Ist alles gut, sei Gott die Ehr!«
Dann bot sie hold, doch stotternd und schwach,
Der hohen Dame guten Tag,
Mit solcher Verwirrung im Gemüt,
Wie's oft nach lebhaften Träumen geschieht.

Rasch steigt sie empor, rasch hüllt sie die Glieder,
Die jungfräulichen; dann betet sie wieder
Zu ihm, der am Kreuz starb, dass er von Sünde,
Auch unbewusster, sie entbinde, –
Und führt dann die schöne Geraldine
Zu ihrem Vater, Herrn Leoline.

Das liebliche Mädchen, die schlanke Dam',
Sie schritten durch die Halle zusamm',
Sie schritten durch Pagen- und Diener-Reih'n
Ins Zimmer des Barons hinein.

Auf stand der Baron und presste mit Lust
Die liebliche Tochter an seine Brust
Und wandte erstaunt, doch freundlich, den Blick
Zur Dame Geraldine zurück,
Die er: »Willkommen!«, so höflich begrüßt,
Wie's Pflicht bei schönen Frauen ist.

Doch als er das Schicksal der Dame gehört,
Und ihres Vaters Namen erfährt, –
Was sieht man bleich den Freiherrn steh'n,
Hört oft von der Lippe den Namen ihm geh'n:
»Lord Roland de Vaux von Tryermaine? [1]« –

Ach! Freunde waren sie, als sie noch jung!
Doch, auch Treue vergiftet die Flüster-Zung;
Beständigkeit lebt ja nur droben allein,
Und Dornen hat's Leben, und Jugendsinn schwankt,
Und vom Geliebten verletzt zu sein,

[1] Anspielung auf Roland I. de Vaux of Triermain and Tercrosset, einen prominenten englischen Adligen aus dem 12. Jahrhundert.

Macht oft, dass unser Hirn erkrankt! –
So ging's, – falls recht mein Ahnden schiene, –
Mit Roland und Herrn Leoline.
Es kränkten beide, die besten der Brüder,
Mit bitteren Worten das Herz sich schwer;
Sie schieden und fanden nimmer sich wieder,
Doch keiner traf einen Zweiten mehr,
Durch den ihm die Öde vom Herzen vertrieben.
Sie standen vereinsamt – die Narben blieben! –
Gleich Felsen, die, voneinander gespalten,
Nun schaurig durchströmt ein Fluchen-Meer.
Doch, ob Hitze, ob Frost, ob Donner mag walten,
All das vertilgt nicht, – ich zweifele sehr! –
Die Spur der Vergangenheit jemals mehr.

Herr Leoline, der steht und nicht spricht,
Schaut lange der Dame ins Angesicht;
Das Bild des Jugendfreundes hebt
Sich neu im Herzen ihm, – es lebt!

Oh, da vergaß der Baron sein Alter,
Sein edeler Busen, vor Zorne wallt er;
Er schwur bei den Wunden in Jesus' Seit':
Ausrufen soll' feierlich weit und breit
Sein Herold bei Trompetenschall,
Dass sie, die der Dame Unglimpf erzeigt,
Verworfene Buben sei'n allzumal.
»Und sind sie solches zu leugnen geneigt,
Mag gleich der Herold die Wache bestellen.
Dann lass sie nur kommen, die Raubgesellen,
Zu meinem Turnier-Hof, auf dass ich alsbald
Ihre Seelen, die ein Wurm nicht wollt',
Verjage aus ihrer Menschengestalt!«
Er sprach's; und wie Blitz sein Auge rollt!
Denn die Dame stand schrecklich betroffen. Er find't
In der schönen Dame des Freundes Kind.

Und nun war von Tränen sein Antlitz feucht,
Und zärtlich schloss er Geraldinen

In seine Arme, die zu ihm sich neigt
Und länger dort weilt mit fröhlichen Mienen.
Dies sieht sie kaum, und plötzlich quillt
Vor Christabels Seele herauf ein Bild,
Ein Bild voll Grau'n, Gefühl von Qual!
Sie schaudert, bebt, blickt noch einmal –
(Ach, wehe mir! Du holde Maid!
Wie kommt's, dass solch Gesicht dir beut?) –
Und wieder sieht sie den Busen, den alten,
Und wieder fühlt sie den Busen, den kalten,
Und ziehet den Atem mit zischendem Laut,
Worob der Ritter wild um sich schaut. –
Nichts als sein süßes Kind steht hie,
Die Augen gen Himmel, als bete sie.

Jen' Bild, jen' Gefühl schwand allgemach!
Statt ihrer die Himmels-Erscheinung blickt,
Die sie im Morgenschlaf erquickt,
Als sie im Arm der Dame lag.
Da fühlt sich ihre Brust entzückt;
Auf Auge und Lippen war es, als streue
Ein Lächeln sein Licht.

Erstaunt aufs Neue:
»Geliebtes Kind, was ist denn mit dir?«,
Sprach der Baron. Ihm antwortet hier
Das Töchterlein sanft: »'s wird gut sein bald!«
Mehr konnt' sie nicht sprechen, was es auch galt;
So mächtig war des Zaubers Gewalt!

Wem wäre nicht in Geraldinen
Ein himmlisch Wesen hier erschienen?
So war ihr Schmerz mit Anmut vermengt,
Als fürchte sie, sie habe gekränkt
Die Christabel, das liebliche Kind.
Sie flehte mit Tönen, so leise und lind,
Man möge sie senden ohne Verzug
Zu ihres Vaters Hause.

»Genug!«,
Rief Leoline. »Ja! So soll's sein!
Ho! Bracy, der Bard'! Dies Amt sei dein!
Zieh hin mit Musik und lautestem Schalle,
Und nimm die zwo prächtigsten Rosse vom Stalle,
Und nimm den Knaben, den du beehrt
Zum Harfenträger, ihn Lieder gelehrt, –
Und kleidet euch beide in Fest-Gewand,
Und eilet über der Berge Rand;
Damit kein wandernd Volk euch möge
Aufhalten in dem Taleswege.
Und hat er die Flut der Irthing[1] durchwallt,
Mein fröhlicher Bard, – dann sprengt er weit, weit! –
Durch Knorren-Moor[2] gen Halegard-Wald[3];
Das stattliche Schloss erreicht er dann bald,
Das starrt und Schottlands Ebenen dräut[4].«

»Bard' Bracy! Bard' Bracy! Aufs Ross dich schwing!
Fleug[5] hin zur Halle![6] Musik erkling',
Die süß, doch lauter, den Hufschlag bezwing'!
Ruf' zu Herrn Roland mit lautestem Schalle:
Dein Kind ist geborgen in Langdale-Halle[7],
Die liebliche Tochter ist frei und gesund, –
Herr Leoline tut dir's kund!
Er bittet, du wollest ohne Verweilen
Mit viel deiner Mannen zu ihm eilen,
Um heim zu holen dein liebliches Kind;
Er fliegt dir schon auf halben Wegen
Mit vielen seiner Mannen entgegen
Auf keuchenden Rossen, die schaumbedeckt sind!
Und, bei meiner Ehre! Ich will es sagen:
Es reue mich, dass ich in jenen Tagen

1 Fluss im Lake District in Cumbria.
2 Moor in der Nähe des Dorfs Walton im Norden der englischen Grafschaft Cumbria, auch Knorren Fell genannt.
3 Im Original steht »Halegarth Wood«, ein heute bedeutungsloses Waldstück in Cumbria.
4 Drohen.
5 Flieg.
6 »Hall« ist die übliche Bezeichnung für einen größeren Adelssitz auf dem Lande.
7 Im Original »Langdale Hall«.

So kränkende Worte ließ ergeh'n
An Roland de Vaux von Tryermaine!
Denn, seit die böse Stunde entfloh'n,
Schwand mancher Sommer uns beiden schon:
Doch keinen Freund konnt' ich erspäh'n
Gleich Roland de Vaux von Tryermaine!«

Die Dame sank nieder, sein Knie umschließend,
Das Angesicht aufwärts, die Augen fließend.
Und Bracy, nachdem er gebührlicherweis'
Gruß allen geboten, spricht stotternd und leis:
»Deine Rede, du Vater Christabels, klingt
Viel süßer wie meine Harfe singt,
Doch möchte ich als Gunst erfleh'n:
Heiß heute nicht zur Reise mich geh'n.
So bösen Traum hab' ich geseh'n,
Dass ich gelobt mit lauter Musik,
Zu säubern von unheil'gen Dingen den Wald,
Wie mir im Traume die Warnung erschallt'. –
Im Schlafe erschien die Taube mir, –
Du liebst sie ja, das artige Tier,
Und nanntest wie dein Töchterlein sie –
Herr Leoline! Die sah ich, die!
Sie flatterte, gurrte in Angst und Pein
Auf grünem Gras im Wald allein.
Als ich gehört dies und geseh'n,
Da wundert's mich, was dem Vogel gescheh'n;
Nichts war ja zu schauen im weiten Raum
Als Kräuter und Gras unterm alten Baum.

Da ging ich im Traume denn hin und her,
Zu spüren, was dort zu finden wär'
Und was dem Vögelchen bange mach',
Das flatternd an dem Boden lag.
Ich ging, ich spähte; doch zu Gesicht
Kam mir der Grund ihres Angstschrei's nicht.
Ich stand. Der lieben Herrin wegen
Hätt' ich die Taube haschen mögen. –
Sieh da! Eine Schlange, grünlich und blank,

Um Hals und Flügel die Ringe ihr schlang;
Grün wie das Gras, worauf sie liegt,
Ihr Kopf am Kopf der Taube dicht;
Und mit dem Täubchen hebt sich und fällt sie,
Schwellt jenes den Hals, den ihren auch schwellt sie.
Und ich erwachte; 's war Mitternachtstund,
Das Echo vom Turm gab den Glockenschlag kund,
Doch war's auch um den Schlaf gescheh'n.
Der Traum, der wollte doch nicht vergeh'n,
Noch scheint er vor meinen Augen zu leben!
Und drum gelobte ich, heute eben,
Mit starker Musik und heiligem Sange
Zu wandern durch den kahlen Wald,
Dass nichts Unheil'ges sich hier verhalt'!«

So sprach der Bracy. Der Freiherr indes
Hört halb ihm zu und lächelt des;
Kehrt liebreich das Aug' auf Geraldinen, –
Doch so, als ob er an Wunder auch glaube, –
Und spricht gar fein mit Hofmanns-Mienen:
»Süß Kind! Lord Rolands liebliche Taube!
Mit stärkeren Waffen denn Harfe und Sang
Zertreten dein Vater und ich die Schlang'!«
Er spricht's und küsset die Stirne ihr leis;
Und Geraldine, nach Mädchen Weis',
Die strahlenden Augen zu senken weiß,
Und kehrt errötend, mit zierlichem Knicks,
Sich von dem Freiherrn augenblicks
Und ordnet flüchtig der Schleppe Falten
Und gibt sie dem rechten Arme zu halten
Und kreuzt auf der Brust die Arme und senkt
Ihr Haupt, dass nieder zum Busen es hängt,
Und blickt auf Christabel abermals noch – –
Jesu Maria! O schützet sie doch!

Falsch blinkt ein Schlangenaug', scheu, ist klein –
Und die Augen der Dame, sie schrumpften stets mehr
Zu Schlangenaugen im Kopfe ihr ein;
Und, mehr als ob's Furcht als Tücke wär',

War Christabel nochmals des Blickes Ziel!
Schnell kam der Wechsel, – schnell fort war er!
Doch Christabel, die ein Schwindel befiel,
Ihr wanket unter den Füßen ihr Grund,
Sie schaudert laut, mit zischendem Mund;
Da kehrt sich Geraldine rund
Und rollt, als ob sie nach Hilfe tracht',
Der hell-großen Augen himmlische Pracht
Ganz wunder-erstaunt mit schmerzhafter Miene
Ängstlich auf Herren Leoline.

Das Mädchen – ach – ihr Denken schwand;
Nichts sah sie mehr, – nur ein Gesicht stand!
Dies Mädchen, von Arglist und Sünde so rein,
In fürchterlicher Weise trank
Sie jenen Blick tief in sich ein, –
Die eingeschrumpften Augen der Schlang', –
Dass jeder Zug sich gleich gestaltet
Dem Bilde, das einzig im Geiste ihr waltet,
Sie willenlos spiegelt jenen Blick
Von schnödem Hass und Verrat zurück, –
(Und mochte auch selbst ihr Vater dies schauen!) –
Wie also zu blicken es möglich blieb
So schuldlosen Augen immer, so blauen!
Und als der Anfall endlich wich,
Da schweigt sie erst, betet innerlich,
Stürzt dann zu Füßen dem Freiherrn und schreit:
»Bei der Seel' meiner Mutter, o sende noch heut,
Send gleich dies Weib, ich beschwöre dich, fort!«
Sie sprach es, und weiter spricht sie kein Wort;
Sie konnte nicht sagen, was sie wusst',
So herrschte der Zauber in ihrer Brust!

Wie bleich deine Wangen, wie wild sie sind,
Herr Leoline! Dein einzig Kind,
Es liegt dir zu Füßen, dein Stolz, deine Freud,
So schön, so rein, so mild gesinnt,
Für das dein Weib dem Grabe geweiht.
O! Bei der Mutter Todespein,

Denk Übles nicht von deinem Kind!
Für sie und dich zuletzt auf Erden
Hat sie gebetet, ehe sie starb:
Es möge ihr Kind, für das sie starb,
Der Stolz, die Freud ihres Herren werden!
Herr Leoline! Das machte lind
Das End' ihres Seins!
Und kannst du kränken dein einziges Kind,
Ihr Kind und deins;

Wenn auch Gedanken, gleich diesen, zogen
Durch des Barones Kopf und Herz,
So schwellten zu verwirrendern Wogen
Sie seinen Zorn und seinen Schmerz.
Die Brust hat Zorn und Schmerz zerrissen,
Die Wange zittert, sein Blick ist verstört:
In seinem Alter entehrt sich zu wissen,
Und durch sein einziges Kind entehrt!
Die Gastfreundschaft, die er gesucht
Des Freundes gekränkter Tochter zu zeigen,
Durch mehr als Weiber-Eifersucht
Soll so ein schmählich Ende zeigen!
Sein rollend Aug' blickt wild und länger
Auf den harmlosen Minnesänger,
Und kurz und strenge klingt sein Wort:
»Wie, Bracy! Immer noch nicht fort?
Ich hieß dich geh'n!« – Der Sänger geht. –
Den Rücken der lieblichen Tochter dreht
Der alte Ritter, Herr Leoline, –
Fort führt er die Dame Geraldine!

Beschluss der zweiten Abteilung

Ein kleiner Knab', der hüpft und springt,
Ein zarter Elf, der immer singt,
Mit roter Wang' ein Feenkind,
Das nimmer sucht und immer find't, –
Füllt, wie ein glänzendes Gesicht,

Ein Vateraug' mit hellem Licht.
Und Freude wogt' ihm stürmisch jetzt
Zum Herzen, dass sein Wort zuletzt
In heißer Liebe Überschwang
Viel bittrer, als er's meinte, klang. –
Vielleicht ist's artig, zu verranken
So ganz verschiedene Gedanken,
Dem Zauber zu weichen und drob[1] zu scherzen,
Mit Fehlern zu spielen, weil sie nicht schmerzen.
Vielleicht ist's artig und zärtlich zugleich,
Zu fühlen, wenn rau das Wort auch fällt,
Wie Lieb' und Mitleid schnell in uns steig';
Wenn nun in dieser Sündenwelt –
(O Schimpf und Schmach, wenn wahr das ständ'!) –
Solch Kopf- und Herzensrausch nicht leicht.
Als nur aus Zorn und Schmerzen steigt;
Nimmt solch Gespräch meist solch ein End'!

[1] Darüber.

Karoline von Günderrode

Die Bande der Liebe

Ach! Mein Geliebter ist tot! Er wandelt im Lande der Schatten,
Sterne leuchten ihm nicht, ihm erglänzet kein Tag,
Und ihm schweigt die Geschichte; das Schicksal der Zeiten
Gehet den mächtigen Gang, doch ihn erwecket es nicht;
Alles starb ihm mit ihm, mir ist er doch nicht gestorben,
Denn ein ewiges Band eint mir noch immer den Freund.
Liebe heißet dies Band, das an den Tag mir geknüpft
Hat die erebische[1] Nacht, Tod mit dem Leben vereint.
Ja, ich kenne ein Land, wo Tote zu Lebenden reden,
Wo sie, dem Orkus entfloh'n, wieder sich freuen des Lichts,
Wo, von Erinn'rung erweckt, sie aufersteh'n von den Toten,
Wo ein irdisches Licht glühet im Leichengewand.
Seliges Land der Träume! Wo, mit Lebendigen, Tote
Wandeln, im Dämmerschein, freuen des Daseins sich noch. –
Dort, in dem glücklichen Land, begegnet mir wieder der Teure,
Freuet der Liebe sich, meiner Umarmungen noch;
Und ich hauche die Kraft der Jugend dann in den Schatten,
Dass ein lebendiges Rot wieder die Wange ihm färbt,
Dass die erstarreten Pulse vom warmen Hauche sich regen
Und der Liebe Gefühl wieder den Busen ihm hebt.
Darum fragt nicht, Gespielen! Was ich so bebe?
Warum das rosigste Rot löscht ein ertötendes Blass?
Teil' ich mein Leben doch mit unterirdischen Schatten,
Meiner Jugend Kraft schlürfen sie gierig mir ans.

[1] Höllische, schaurige.

Karoline von Günderrode

Ein Kuss im Traume

Aus einem ungedruckten Roman

Es hat ein Kuss mir Leben eingehaucht,
Gestillet meines Busens tiefstes Schmachten,
Komm, Dunkelheit, mich traulich zu umnachten,
Dass neue Wonne meine Lippe saugt!

In Träume war solch Leben eingetaucht,
Drum leb' ich, ewig Träume zu betrachten,
Kann aller andern Freuden Glanz verachten,
Weil nur die Nacht so süßen Balsam haucht.

Der Tag ist karg an liebesüßen Wonnen,
Es schmerzt mich seines Lichtes eitles Prangen,
Und mich verzehren seiner Sonnen Gluten.
Drum birg dich, Aug', dem Glanze ird'scher Sonnen!
Hüll dich in Nacht, sie stillet dein Verlangen
Und heilt den Schmerz wie Lethes[1] kühle Fluten.

---

[1] Fluss des Vergessens in der Unterwelt der griechischen Mythologie.

Johann August Apel

Asvit und Asmund

Nordische Sage

König Erich zog wohl auf und ab,
Er traf an ein mächtiges Hünengrab.

»Wer wälzt mir vom Grabe den schweren Stein?
Drin ruft es, als litt' es viel grimmige Pein.«

»O Herr, nicht gut ist's in Gräber schau'n;
Drin wohnet Entsetzen und finsteres Grau'n;

Drin sitzen die Geister mit grimmigem Blick,
Und halten verborgene Schätze zurück.«

»Die Geister zwinget mein Zauberschwert,
Den Eingang lassen sie unverwehrt.«

Da regt sich der Stein von der Männer Gewalt,
Und es öffnet sich langsam ein finsterer Spalt;

Und es öffnet sich weiter das finstere Tor,
Ein gräuliches Schreckbild drängt sich hervor.

Bleich ist es zu schau'n, wie der bleiche Tod,
Von triefendem Blut sind die Wangen rot.

Die Glieder sind zitterndes Totengebein,
Und modernde Tücher hüllen sie ein.

Und der König entsetzet sich ob dem Gesicht,
Da hebt es die Händ' empor und spricht:

»O König, wende dein Aug' nicht ab,
Ein Lebender bin ich, doch wohn' ich im Grab;

Mein Nam' ist dir und den Helden bekannt,
Asvit ward ich einst mit Ruhme genannt.«

Da staunt der König, es staunt das Heer:
»Asvit, wie kamst du ins Grab hieher[1]?«

»O König, ich schloss den Freundschaftsbund
Auf Tod und Grab mit dem Held Asmund.

Wir trugen zusammen die Freud und das Leid,
Wir fochten zusammen den heißen Streit.

Und als Asmund zu sterben kam,
Seine Ross' und Hund' er mit sich nahm;

Seine Ross' und Hund' und das beste Kleid,
Und ich folgt' ihm ins Grab nach meinem Eid.

Die erste Nacht und den ersten Tag
Beweinend den Toten ich trauernd lag,

Den zweiten Tag und die zweite Nacht
Ergriff mich brennend des Hungers Macht,

Am dritten wühlt' ich in Ross und Hund,
Doch graute vor solcher Speise dem Mund.

Am vierten erlag ich der grässlichen Qual,
Ich schwelgt' in dem blutigen Leichenmahl.

Das störte den Toten in fünfter Nacht,
Und der modernde Leichnam Asmunds erwacht'.

Gewendet war seine Lieb' in Hass,
Seine Stimme war grimmig, sein Blick war grass[2].

---

1 Eine alte Form von: hierher.
2 Altes Wort für wütend, schrecklich, grässlich.

Er stürzt' auf mich mit entsetzlicher Wut,
Er saugt' aus Gliedern und Wangen das Blut;

Aus Lippen und Mund er den Atem mir saugt'
Und Grabesluft in die Brust mir haucht'.

Allnachts ward grauser das Totengebein,
Und grimm'ger sein Blick und wilder das Schrei'n.

Allnachts mit dem Toten der Lebende rang
Und doch nimmer die morschen Gebeine bezwang.

Drum seht ihr mich bleich, wie den bleichen Tod,
Von triefendem Blut nur die Wangen rot.

Drum sind meine Glieder wie Totenbein
Und modernde Lumpen hüllen sie ein.«

Da sprach der König: »Du treuer Mann,
Deinem Schwur hast du wahrlich genug getan!

Der Lebend'ge sich nicht zu dem Toten gesellt,
Dem Toten der Lebende nicht gefällt.

Nun sollst du des Königs Gefährte sein,
Und den Toten verschließe des Grabes Stein.«

A. Bode

Der Hypochonder

Du Höllengeburt, der Qualen König,
Aus tiefem Jammerdrang will ich dich singen;
Die Schmerzenbande löse mir ein wenig,
Und gib mich frei, so wird es mir gelingen.
Ich fliehe nicht, ich bin dir untertänig,
Seit du mich trafst mit moderfeuchten Schwingen,
Und in den reinen Becher des Genusses
Dein Geifer troff unendlichen Verdrusses.

Du hauchtest nur, da schwanden scheu die Wangen,
Du sahst mich an, da losch der Glanz der Augen;
Du winktest nur, da kam der Gram gegangen,
Um deine Schreckgestalten zu gebrauchen.
Mit wilden Klauen fühlt' ich mich umfangen,
Und du sogst aus, so wie Vampire saugen,
Trotz meines bangen Herzens mattem Klopfen,
Den Lebenswein bis auf den letzten Tropfen.

Und das Gemüt, aus tiefem Born der Trauer,
Rief flehentlich: »Gib meinen Tag mir wieder!«
Da türmtest du ihm hoch die Kerkermauer,
Und immer schwärzer sank die Nacht hernieder.
Du schlugst den Leib, die Seele fühlte Schauer,
Du schlugst die Seel', es zitterten die Glieder.
Herold des Todes, was ist deine Meinung,
So früh genaht in grässlicher Erscheinung?

Du mein Genoss und eherner Gebieter,
Welch einer Furie Schoß bat dich getragen?
Und wer lieh dir der Qualen reiche Güter,
Den Dornenkranz von unbegriffnen Plagen?
Du Meuchelmörder seliger Gemüter,
Ist denn kein Gott, des Macht dich kann erschlagen?

Wie kommt's, dass wie im Hagelschau'r die Halme
Das Leben sinkt vor deinem gift'gen Qualme?

Und dieser Pesthauch, findet er kein Ende?
Vertilgt dich nichts, du allverzehrend Feuer?
Die Brust entbehrt des Friedens holder Spende,
Und selbst die Hoffnung bannt das Ungeheuer.
Vergeblich ring' ich betend meine Hände,
Stets wilder wird sein Zorn, und immer neuer;
Und drückt mir, dass ich nimmermehr entweiche,
Das Siegel auf der schauerlichen Bleiche.

Wo seid ihr hin, holdselige Gebilde
Der Zukunft, die ich sah in hellem Chore?
Habt ihr, gewichen jenem grausen Wilde,
Ewig verschworen meines Herzens Tore?
Ist's nimmer, dass von Neuem sie vergülde
Der Abendglanz der Ruh, die ich verloren?
Fern zeigt mir noch die Welle süßer Träume,
Nicht euer Bild, eurer Gewänder Säume.

Ach! Aus der Öd' antwortet keine Stimme,
Da ist kein Echo in den wüsten Gründen;
Kein Stern, der tröstend aus der Nacht entglimme;
Kein Quell notdürft'ger Labung will sich finden –
Und leise naht mit frisch entbranntem Grimme
Mein schwarzer Gast, die Klau' um mich zu winden,
Zischend: »Vorüberscheucht' ich die Genesung;
Denn du bist ewig mein und der Verwesung.«

Lord Byron

Der Giaur

Bruchstück einer türkischen Erzählung

Vorbericht

Die Geschichte, welche diese unverbundenen Bruchstücke darstellen, ist auf Vorfälle gegründet, die jetzt im Orient weniger gewöhnlich sind als vormals, entweder weil die Frauen vorsichtiger als vor Alters oder weil die Christen glücklicher oder weniger unternehmend sind. Vollständig enthielt sie die Abenteuer einer Sklavin, welche nach Moslemweise wegen Untreue in das Meer geworfen und durch ihren Geliebten, einen jungen Venezianer, gerächt wurde. Dies geschah zur Zeit, als die sieben Inseln[1] im Besitz der Republik Venedig waren, bald nachher, als die Arnauten[2] aus Morea[3] zurückgeschlagen wurden[4], welche dieses Land einige Zeit nach dem Einfall der Russen[5] verheert hatten. Der Abfall der Mainoten[6], weil ihnen die Plünderung Misitras[7] verweigert worden war, führte das Aufgeben jener Unternehmung und die Verwüstung Moreas herbei, während welcher die Grausamkeit, aller Orten ausgeübt, sogar in den Jahrbüchern der Rechtgläubigen nicht ihres Gleichen fand.

---

1 Gemeint sind die sog. Ionischen Inseln, die aus sieben Hauptinseln bestehen und sich im Ionischen Meer vor der Westküste Griechenlands befinden.

2 Im Allgemeinen eine Gattung türkischer Truppen, deren Angehörige vorwiegend aus Morea, Epirus, Albanien und Mazedonien stammten; bei Byron jedoch Bezeichnung für Albaner (siehe Byrons Anmerkungen).

3 Andere Bezeichnung für die griechische Halbinsel Peleponnes, die sich von dem griechischen Wort für Maulbeerbaum ableitet.

4 Dies geschah 1779.

5 1770 bis 1774.

6 Eigentlich Manioten; Bewohner von Mani, dem mittleren südlichen Zipfel der Peleponnes.

7 Mystras, auch Mistra genannt, ehemals byzantinische Stadt in Griechenland, die heute nur noch aus Ruinen besteht.

»Ein heillos Erinnern, ein Gram in der Brust,
Der kalt überschattet den Schmerz wie die Lust,
Dem das Leben kann heller nicht, trüber nicht sein,
Dem nicht Balsam die Lust wird, noch Stachel die Pein.«
Moore.

Kein Lufthauch unten bricht die Flut
Am Grab, wo der Athener ruht,[a)1]
Am Grab, das glänzend hoch vom Riff
Am ersten grüßt, kehrt heim ein Schiff
Zum Land, das er umsonst befreit –
Bringt solchen Helden noch die Zeit?

– –

Wie lächelt jede Jahrzeit mild
Der sel'gen Inseln schönem Bild,
Das von Kolonnas[2] Höh' erblickt,
Das Herz, das es begrüßt, entzückt,
Und Einsamen Ergötzung schickt!
Sanft kräuselnd strahlt das Meer zurück
Den Farbenschmuck von manchem Pick,
Den lächelnd sich erhascht die Flut,
In der das Eden Ostens ruht.
Wenn lind ein Hauch vorüberschweift,
Den blauen Seekristall durchläuft,
Und Blüten von den Bäumen streift –
O wie willkommen solche Luft!
Sie wecket und verbreitet Duft.
Denn hier erziehen Berg und Tal
Die Sultanin der Nachtigall,[b)]

[1] Byron hat zum vorliegenden Gedicht zahlreiche Anmerkungen verfasst, die teilweise sehr umfangreich sind, sodass sich der Verlag dazu entschlossen hat, diese an dessen Ende zu setzen. Darüber hinaus vorkommende Fußnoten stammen vom Verlag.

[2] Gemeint ist das Kap Kolonna auf der griechischen Insel Ägina.

Die Rose, welche sie besingt,
Dass fort und fort die Luft erklingt;
Und röter glüht bei solchem Schall
Die Gartenkönigin, die hart
Kein Sturmwind beugt, kein Schnee erstarrt,
Die, fern vom winterkalten West,
Gedeihen jede Jahrzeit lässt.
Was Süßes ihr Natur gegeben,
Lässt sie als Duft gen Himmel schweben,
Und dankbar lächelnd schenkt er ihr
Arom' und schönstes Rot dafür. –
Noch manche Blume gibt es dort,
Für Liebe manchen Schattenort
Und manche Grotte auch zur Rast,
Die der Pirat besucht als Gast,
Der hier versteckt im hohlen Riff,
Belauscht ein friedlich nahes Schiff,
Bis die Gitarr' des Seemanns schallt,[c)]
Der Abendstern im Westen strahlt:
Dann mit umwund'nem Ruder sacht
Stürzt aus des Felsenufers Nacht
Der Räuber los auf seinen Fang
Und macht Gestöhn aus Rundgesang. –
Seltsam, dass hier, wo die Natur
Ein Land schuf, wie für Götter nur,
Wo alle Reize sie vereint,
Damit ein Paradies erscheint –
Der Mensch, verliebt ins Elend, dann
Zur Wildnis es verstümmeln kann,
Auf Blumen tretend gleich dem Vieh,
Die ohne einer Stunde Müh',
Die ohne Hilfe seiner Hand
Erblüh'n in seinem Feenland,
Die seine Wartung gern verschmäh'n
Und lieblich nur um Schonung fleh'n.
Seltsam! Wo alles friedlich ruht,
Da tobt der Leidenschaften Wut,
Und Raubsucht herrscht und rohe Gier,
Verfinsternd dieses Lichtrevier;

Als hätten Teufel hier besiegt
Die Seraphim[1], die sie bekriegt,
Als sollten hier auf Himmelsthronen
Befreit der Hölle Erben wohnen.
Wie's schön ist, wie's nur Lust gewährt,
Verflucht so, wer dies Land verheert!

Wer sich zur Leiche hingebeugt,
Eh' sich der erste Tag geneigt,
(Der erste finst'rer Nichtigkeit,
Der letzte von Gefahr und Leid),
Eh' tilgend der Verwesung Hand
Die Züge löscht, wo Schönheit stand, –
Die milde Engelmiene da
Entzückung hier der Ruhe sah,
Den Ausdruck, welchen sanft, doch fest
Erschöpfung bleichen Wangen lässt;
Der – wär' nicht trüb das Auge zu,
Das nie mehr leuchtet, lächelt, weint,
Wär' nicht das Antlitz kalt versteint,
Wo der Erstarrung frost'ge Ruh[d)]
Entfärbt des Trauernden Gesicht,
Als sei auch ihm sein Los entdeckt,
Das fesselnd hier den Blick erschreckt, –
Der wird – wär' dies, nur dieses nicht –
Vom Trug der Stunde irr gemacht,
Bezweifeln fast des Todes Macht:
So schön erscheint, so ruhig mild
Des Toten erstes, letztes Bild.[e)]
Und so auch hier! Das Land umher
Ist Hellas[2] – doch es lebt nicht mehr!
So frostig lieb, so totenschön!
Uns schaudert, hier nicht Geist zu seh'n.
Ja Schönheit ist's – im Tode auch,
Nicht ganz entfloh'n im letzten Hauch;
Doch Schönheit, deren Blüte schreckt
Die Farbe, die das Grab versteckt,

[1] Ein Seraph (Mehrzahl: Seraphim) ist ein feuriger Engel mit mehreren Flügeln.
[2] Eigenbezeichnung Griechenlands.

Des Ausdrucks Glanz, der scheidend glüht,
Ein gold'ner Hof, der um Verfall sich zieht,
Ein Strahl Gefühl, der Abschied nehmend flieht,
Ein Funke Licht, vielleicht vom Himmel her,
Der glänzend – wärmt sein teures Land nicht mehr.

Land der Heroen! Heil'ge Luft!
Vom Flachland bis zur Bergeskluft
Der Freiheit Herd! Des Ruhmes Gruft!
Altar der Größe! Kann es sein,
Dass dir nur dies noch blieb allein?
Kommt, feige Sklaven, kriechet her!
Sind das die Thermopylen[1]? Sprecht!
Und rings herum das blaue Meer –
Von Freien du entspross'ner Knecht!
Sprich, wie dies Meer, dies Ufer hieß? –
Die Bucht, der Fels von Salamis[2]!
Dies Land – ist unbekannt sein Ruhm?
Steh' auf! Ergreif's als Eigentum!
Nimm, wo der Staub der Väter ruht,
Die heiße Asche früh'rer Glut!
Wer dann im Kampfe fällt voll Mut,
Fügt ihren – einen Namen bei,
Den zitternd hört die Tyrannei,
Lässt Ruhm dem Sohn und Hoffnung nach,
Der lieber Tod auch wählt als Schmach;
Denn blutig wird die Freiheitschlacht,
Begann sie, Sohn auf Sohn vermacht
Und oft vereitelt, stets vollbracht.
Du, Hellas, das in Schrift noch lebt,
Ihr Heldenzeiten – Zeugnis gebt!
Von Königen blieb Asche bloß
In Pyramiden – namenlos;
Doch deinen Helden riss vom Grab
Das Weltlos auch die Säulen ab.

---

[1] Einziger strategischer Landweg vom Meer (Golf von Malia) nach Innergriechenland. An diesem Engpass (damalige Breite: ca. 15 m) fanden etliche Schlachten der griechischen Geschichte statt, zum Beispiel im Rahmen der Perserkriege.

[2] Insel vor der Küste von Piräus, dem Hafen von Athen.

Steh'n als ein größ'res Denkmal doch
Des Vaterlands Gebirge noch,
Wo uns die Musen Gräber nennen
Von Männern, die nicht sterben können. –
Ermüdend, trüb ist's, folgt man nach
Jedwedem Schritt vom Glanz zur Schmach;
Genug! Kein äuß'rer Feind verstieß
Den Geist, bis er sich selbst verließ;
Nur Selbstverderbnis brach dem Nah'n
Der Despotie, der Knechtschaft Bahn.

Was sieht er, den dein Ufer trägt?
Nichts, was uns deine Vorzeit lehrt,
Nichts, was der Muse Schwingen regt,
Zu hohem Flug, wie einst bewegt,
Als noch der Mensch des Landes wert.
Das Herz, den Tälern hier entstammt,
Die Feuerseele, sonst entflammt
Zu Taten, schön und groß –
Kriecht von der Wiege nun zur Gruft;
Nicht Sklave – Knecht des Sklaven,[f] ruft
Ihn Trieb zu Lastern bloß.
Von jeder Schuld ist er befleckt,
An tierisch Wilden nur entdeckt,
Des Wilden Tugend aber fehlt:
Ein Busen frei und mutbeseelt
Noch macht ihn auf dem Nachbarstand
Sprichwörtlich alte List bekannt,
Des feinen Griechen letzte Spur;
Berühmt macht jetzt ihn diese nur,
Vergebens riefe Freiheit noch:
Durchbrich, o Geist, die Knechtschaft doch!
Umsonst – sein Nacken buhlt ums Joch. –
Beklagen will ich's länger nicht;
Doch traurig wird nun mein Bericht,
Und, Hörer, glaubt, es ziemt der Gram
Ihm, welcher ihn zuerst vernahm.

– –

Fern, finster längs dem Meere blickend,
Den Felsenschatten näher rückend,
Erschreckt's den Fischer, wie ein Boot –
Ist's der Pirat? Der Mainot?
Er mag in Furcht für seinen Kahn
Nicht zweifelhaften Riffen nah'n;
Hat Arbeit ihn auch müd' gemacht,
Ist schwer auch die beschuppte Fracht –
Er rudert lass, doch kräftig fort,
Bis er Leones[1] sich'ren Port
Im lieblich milden Licht erblickt,
Das Ostens Nacht am schönsten schmückt.

– –

Wer donnert her auf schwärz'stem Ross –
Die Hast im Huf, den Zügel los'?
Der Eisen Klappern ruft zu Tag
Den Wiederhall, der schlummernd lag:
Horch! Sprung auf Sprung und Schlag auf Schlag,
Was weiß des Renners Seite streift,
Scheint Schaum, wie Flut ihn sammelnd häuft;
Doch ruht auch nun das müde Meer –
Des Reiters Brust, sie ruht nicht mehr,
Und tobt der Sturm auch morgen lauer –
Dein Herz wird nicht mehr stiller, Giaur![g)]
Ich kenn' dich nicht, verhasster Mann!
Doch deine Züge zeigen an,
Was Zeit nur stärkt, nicht tilgen kann.
Ob jung und bleich – die Stirne ist
Vom Brand der Leidenschaften wüst;
Ob argen Blicks du niedersiehst,
Wie meteorgleich du entfliehst –
Ich seh's recht gut: Dich sollten kühn
Osmanen[2] töten oder flieh'n.

---

1 Gemeint ist der Hafen von Piräus, der unter Venezianischer Herrschaft nach einer dort befindlichen antiken Löwenskulptur Porto Leone genannt wurde.

2 Angehöriger des Osmanischen Reiches, das ca. von 1299 bis 1922 existierte. Früher wurden allgemein Türken mit Osmanen gleichgesetzt.

Fort jagt' er, fort, und staunend zog
Der Blick ihm nach, wie er entflog;
Doch wenn er auch dem Nachtgeist glich
Und kaum genaht, schon schwindend wich,
Fest haftend hat sein düst'res Bild
Mit Unruh' mir die Brust erfüllt,
Und im erschreckten Ohr noch lang
Des schwarzen Renners Huf erklang.
Er spornt sein Ross, er kommt zur Höh' –
Die in den Abgrund schattet gäh'[1] –
Er wendet um – er jagt vorbei –
Die Felswand macht vom Blick ihn frei,
Der unwillkommen, wie mir deucht,
An ihm gehaftet, der entfleucht;
Und auch kein Sternchen leuchtet hell
Auf ihn, der flieht so zeitlos schnell. –
Er schied – ein Blick nur ging vorher,
Ein Blick, als ob's der letzte wär';
Ein Weilchen hielt gehemmt sein Ross –
Ein Weilchen zum Verschnauben bloß –
Ein Weilchen er im Bügel stand –
Was schaut er übern Wald gewandt?
Das Neulicht schimmert an der Höh',
Von Lampen flimmert die Moschee,
Und ist's zu fern, dass Wiederhall
Erwecke der Topheiken Knall;[h)]
Im Blitz der Feuer nimmt man klar
Der Moslems frommen Eifer wahr.
Heut' Nacht verstrich der Ramazan[2],
Heut' Nacht das Bairamfest[3] begann,
Heut' Nacht – doch was bist du und wer?
In fremder Tracht, die Brauen schwer!
Und was ist euch und dir dies Fest,
Dass es dich weilen, flüchten lässt? –
Er stand – im Antlitz Angst und Pein;

[1] Hier im Sinne von steil abfallend.
[2] Ramadan; die muslimische Fastenzeit.
[3] Bayram ist die türkische Bezeichnung für Fest; hier ist speziell das Fest des Fastenbrechens gemeint, das Eid al-Fitr, welches den Fastenmonat Ramadan beendet.

Doch bald nahm Grimm die Stelle ein,
Nicht wie sich zeigt entflammtes Blut
In flücht'gen Zornes gäher[1] Glut –
Nein, wie am Grab der Marmor, blass,
Wo Dunkel hebt das Weiße grass[2].
Die Brauen Nacht, die Augen Glut,
Erhob er seine Hand mit Wut, –
Sie schüttelnd wild, als schwankte er
Noch zwischen Flucht und Wiederkehr.
Da, weil die Rast zu lange währt,
Da wiehert laut sein Rabenpferd,
Da sinkt die Hand – sie sucht das Schwert.
Den wachen Träumer hat's erweckt,
Wie Eulenruf den Schlaf erschreckt.
Es sticht der Sporn – der Renner fühlt's –
Hinweg! Hinweg! Das Leben gilt's!
Schnell, wie der Flug des Dscherrid,[i)] setzt
Der Rappe fort, vom Sporn verletzt;
Die Felswand ist zurückgelegt,
Der Huf nicht mehr den Strand zerschlägt –
Jetzt bei dem Riff – verschwunden ist
Der Helmbusch und der freche Christ! –
Es war nur ein Moment und kaum
Bezwang des Barbers[3] Flug der Zaum –
Nur ein Moment, dass er verweilt,
Und dann, wie vor dem Tod, enteilt:
Doch der Moment trieb durch den Sinn
Die Winter der Erinn'rung hin
Und schloss in einen Tropfen Zeit
Ein Leben, Schuld und Gram geweiht.
Furcht – Liebe – Hass ergießt ins Herz
Schon einzeln jahrelangen Schmerz;
Was fühlt' erst er, mit einem Mal
Durchrast von jeder höchsten Qual!
Die Pause, die sein Los durchsann;
Wer ist, der sie ermessen kann?

---

[1] Hier: jäh, rasch, ungestüm.
[2] Veraltet für grässlich, schrecklich.
[3] Berber, eine der ältesten kultivierten Pferderassen des Mittelmeerraums.

Sie war fast nichts im Buch der Zeit,
Doch im Gedanken – Ewigkeit,
Der wie der Weltraum grenzenlos
Solch ein Bewusstsein wohl umschloss,
Das einen Schmerz in sich enthält,
Dem Namen – Hoffnung – Ende fehlt.

– –

Die Zeit verrann – der Giaur ist weit.
Ob er entkam? Ob fiel im Streit?
Weh', dass er floh, dass er genaht!
Der Fluch, gesandt für Hassans Tat,
Kehrt nun sein Schloss zum Grabe um.
Er kam und ging wie der Simum,[j]
Der Tod verkündet rings herum
Und dessen ferner, gift'ger Hauch
Hinmodert die Zypresse auch,
Die dunkle, die – wenn and'rer Schmerz geheilt –
Allein noch trauernd bei dem Toten weilt.

Das Ross aus Hassans Stall verschwand,
Kein Sklav' mehr in der Halle stand;
Der Spinne graues Florgewand
Deckt langsam wachsend jetzt die Wand;
Die Fledermaus im Harem baut,
Die Feste seiner Macht vergraut,
Als Herr vom Turm die Eule schaut;
Der wilde Hund am Springborn[1] heult,
Wo ihn getäuschter Durst verweilt,
Denn im Marmorbett ist versiegt die Flut,
Und nur Unkraut ist da, und nur einsamer Schutt –
Schön war zu seh'n das Spiel der Flut,
Das sonst verscheucht des Tages Glut,
Der Silbertau, der leicht sich hob,
Und dann in Wirbeln bunt zerstob,
Wollüst'ges Kühl verbreitend rund,

[1] Born = Brunnen.

Mit Grün bedeckend rings den Grund.
Schön war's im Sternenlicht, wenn lang
Der feuchte Strahl hinauf sich schwang,
Und durch die Nacht melodisch klang.
Und oft sprang Hassan spielend um
Den Wassersturz als Kind herum,
Und oft am Mutterbusen sang
In Schlummer ihn der Wellen Klang,
Und oft dem Jüngling ins Gemüt
Drang schmeichelnd hier der Schönen Lied,
Und sanfter schien die Melodie
Mit Wogenklang in Harmonie.
Doch Hassan soll im Alter nicht
Am Quell sich ruh'n im Dämmerlicht –
Versiegt ist in dem Born die Flut,
Verströmt aus seiner Brust das Blut.
Die Menschenstimme ist verhallt,
Nicht Wut, nicht Schmerz, nicht Lust mehr schallt
Hier, wo zuletzt ein Schrei erklang,
Den Todesangst dem Weib erzwang,
Der dumpf erstarb – seitdem ist's stumm;
Mit dem Gitter nur schlägt noch der Wind herum –
Ob Sturm, ob Regen rast und gießt,
Die Klammern keine Hand mehr schließt. –
Erfreulich wär' in Wüsten nur
Vom Menschenschritt die schwächste Spur;
So würde hier auch Klageton
Wie Trost ein Echo wecken schon –
Es spräche: »Alle sind nicht fort,
Ein Leben blieb, zwar einsam, dort!«
Denn mancher Prunksaal blieb verschont,
Den Einsamkeit wohl gern bewohnt,
Und die Zerstörung schlich darin,
Krebsartig zwar, doch langsam hin;
Doch Grauen schaut aus off'ner Tür',
Hier ruht nicht einmal der Fakir[1],
Hier hält nicht mehr der Derwisch[2] Rast,

[1] Bettelmönch, Selbstpeiniger.
[2] Asketischer Mönch im Islam.

Weil Milde nicht erfreut den Gast,
Hier weilt nicht mehr des Fremden Not,
Zu segnen heil'ges Salz und Brot,[k)]
Der Reichtum wie die Armut zieh'n
Hier unbeachtet, achtlos hin:
Denn Gastlichkeit und Mitleid schwand
Mit Hassan von der Bergeswand;
Sein Dach, das Menschen Zuflucht gab,
Deckt der Verödung Hungergrab;
Der Sklav' floh die Arbeit, der Gast mied die Halle,
Seit der Giaur ihm den Turban zerhieb mit dem Stahle.[l)]

– –

Ich höre Tritte nähern sich,
Doch keine Stimme grüßet mich.
Sieh! Turban naht auf Turban itzt[1],
Der Atagane[m)] Silber blitzt;
Den Vordersten der Bande macht.
Als Emir[2] kenntlich grüne Tracht. –[n)]
»Wer bist du? Halt!« – Salam! –[o)] du siehst,
Dass dich ein Moslem tief begrüßt.
Was ihr da tragt, so vorsichtsvoll,
Verlangt die höchste Sorgfalt wohl,
Ich seh' für teure Fracht es an;
Gern bringt sie fort mein schlichter Kahn.

»Das sprichst du wahr. Stoß ab vom Land,
Und führ' uns weg vom stillen Strand!
Lass eingerollt das Segel sein,
Das nächste Ruder nimm allein!
Zu jenen Felsen, wo die Flut
Im tiefen Bette finster ruht! –
Ruh' aus vom Werk! – So! Brav, Gesell!«
Die Fahrt, sie war vollendet schnell,
Obwohl die längste Reise, trau'n,
Die eine von – – – –

[1] Eine alte Form von jetzt.
[2] Fürst, Befehlshaber.

– – – – – – – – – – –

Es plumpte dunkel, sank gemach;
Das stille Wasser schwoll und brach.
Es war, als ob es sich bewegt,
Der Strom schien mehr als sonst erregt –
Vielleicht nur war's der Lichtstrahl, der
Bunt schillert auf bewegtem Meer.
Ich lauschte, bis es schwand dem Blick:
Wie Kies wich sinkend es zurück,
Ein weißer Fleck, stets mehr versteckt
Der Flut gescheckt und Aug' geneckt.
Und das Geheimnis schlief nun, kund
Nur Geistern tief am Meeresgrund;
Und zitternd – im Korallenhaus –
Die plaudern's nicht den Wellen aus.

Wie mit den Purpurschwingen hin
Des Ost's Insekten-Königin
Auf Kaschemirs smaragd'ner Flur [p)]
Den Knaben lockt auf ihre Spur,
Von Blume hin zu Blume fliegt,
Um Zeit und Mühe ihn betrügt,
Und dann entfloh'n ihn lässt zurück,
Den Busen klopfend, nass den Blick:
So lockt den Mann der Schönheit Bild,
So glänzt es hell, so flieht es wild.
Der Furcht, der Hoffnung eitler Streit
Beginnt mit Wahn, beschließt mit Leid;
Denn beiden, wenn der Sieg gelingt,
Dem Falter wie der Schönheit, bringt
Verlust der Ruhe nur und Schmerz
Des Knaben Spiel, des Mannes Scherz
Das schöne Spielzeug, heiß begehrt,
Verliert erhascht schon Reiz und Wert,
Bald hat die Hand noch, die's ergreift,
Die schönsten Farben abgestreift,
Bis es wie Reiz und Glanz verdirbt,
Verlassen flieht und einsam stirbt.

Verwundet Brust und Schwinge so –
Wo winkt dem Opfer Ruhe, wo?
Hebt von der Rose, wie zuvor
Zur Tulpe, jener sich empor?
Kann Schönheit sich – verwelkt, allein –
Noch in erbroch'ner Kammer freu'n?
Nein! Froh'rer Falterschwarm enteilt,
Wo einer stirbt, wird nicht verweilt;
Und schön'rer Wesen Mitleid spricht
Für jeden Fehl, nur eignen nicht,
Und jeden Gram beweinen sie,
Nur den verirrter Schwestern nie.

– – – – – – – – – – – – – – – – – – – –

Das Herz gleicht, voll Gewissenspein,
Dem Skorpion, umringt von Glut:[9]
Stets mehr im Kreis naht Feuerschein,
Stets enger schließt ihn Flamme ein,
Bis tausend Schmerzen in ihm schrei'n
Und rasend ihm vor Wut
Nur finst'rer Trost im Stachel lebt,
In ihm, der für den Feind genährt,
Ein stets erprobtes Gift gewährt
Und allen Schmerz mit einem hebt,
Den er ins Hirn verzweifelnd gräbt.
So stirbt, wenn Nacht im Busen ruht,
So lebt er – Skorpion in Glut,
Sich windend vor Gewissensbissen,
Von Erd' und Himmel losgerissen,
Die Hölle dort – Verzweiflung hier –
Die Flamme rings – und Tod in ihr.

– – – – – – – – – – – – – – – – – – – –

Den Harem Hassan finster flieht,
Nach Frauenreiz er nicht mehr sieht,
Ihn lockt nur ungewohnte Jagd,
Doch Waidmannslust ist ihm versagt.

Nie war er so zu flieh'n gewohnt,
Als Leila sein Serail[1] bewohnt –
Wie, wohnt darin nicht Leila mehr?
Fragt Hassan drum! Das weiß nur er.
Doch ein Gerede geht im Ort,
Sie floh an jenem Abend fort,
Wo Ramazan zu Ende geht[r)]
Und blitzend jedes Minaret[2]
Von Millionen Lampen brennt
Im grenzenlosen Orient.
Das Bad war Vorwand ihrer Flucht,
Wo Hassan fruchtlos sie gesucht;
Denn sie entkam der Wut bei Nacht. –
Wie? – In georg'scher Pagentracht. –
Und seiner Rache so entrückt,
Hat ihn der Giaur und sie berückt.
Zwar ahnte Hassan mancherlei,
Doch zärtlich schien sie stets und treu,
Und er vertraute ihr zu viel,
Die durch Verrat dem Grab verfiel,
Als zur Moschee ihn Andacht trieb,
Als er im Kiosk[3] beim Festmahl blieb.
So ist der Nubier[4] Bericht,
Die nicht zu streng der Pflicht gedacht;
Doch andere in jener Nacht
Sah'n in Phingaris bleichem Licht[s)]
Den Giaur auf schwarzem Ross entflieh'n,
Doch ihn allein nur, wie er hin
Mit blut'gem Sporn am Strande ritt –
Nicht Maid noch Page trug er mit.

– – – – – – – – – – – – – – – – – – – –

[1] Palast, Residenz eines Herrschers.
[2] Eigentlich Minarett, aber um den alten Reim beizubehalten, hat sich der Verlag entschlossen, an dieser Stelle die alte Rechtschreibung der originalen Übersetzung beizubehalten. Minarett = ein sich nahe oder an einer Moschee (= ein den christlichen Kirchen entsprechender Ort des Glaubens) befindlicher Turm für den Gebetsrufer, den Muezzin.
[3] Gartenpavillon.
[4] Schwarzafrikaner.

Nichts schildert ihres Aug's Magie!
Das Auge der Gazelle sieh!
Es unterstützt die Fantasie.
So groß – so schwarz, drang schmachtend klar
Ein Blick aus ihm, der Seele war,
Und durch die Wimpern strahlte hell
Wie Dschemschids blendender Juwel.[t)]
Ja – Seele! Sprache der Prophet,
So atme Staub nur, der verweht;
Bei Allah, rief ich, – nein! Und steht
Auch auf Al-Sirath[u)] schon mein Fuß,
Hinschwankend übern Feuerfluss,
Und schaut mein Blick ins Paradies
Und winken alle Huri[1] süß.
Wer las in Leilas Augenlicht
Den Spruch des Korans,[v)] welcher spricht:
Das Weib ist Staub nur, seelenlos,
Für rohe Lust ein Spielzeug bloß!?
Der Mufti[2] hätte selbst bekannt,
Dass Ewigkeit darin gebrannt.
Der Wangen Unverwelklichkeit
War vom Granatenbaum bestreut
Mit Blüte, röter stets erneut;[w)]
Wie Hyazinthen floss ihr Haar,[x)]
Wenn sein Gelock entfesselt war,
Im Kreis der Mädchen, in der Halle,
Wo herrlich überragend alle
Ihr Fuß auf Marmor glitt dahin,
Der weißer als der Bergschnee schien,
Den, in der Wolke Schoß versteckt,
Der Erdenstaub noch nicht befleckt.
Wie Schwäne durch die Wogen gleiten,
Sah man Tschirkassiens Tochter[3] schreiten,
Die schönste Zier von Frangestan;[y)]
Und wie den Hals erhebt der Schwan,

[1] Nach islamischem Glauben Jungfrauen im Paradies bzw. himmlische Jungfrauen, die auf die Verstorbenen warten.
[2] Islamischer Rechtsgelehrter.
[3] Junge Frau vom kaukasischen Volk der Tscherkessen.

Mit stolzem Fittich[1] schlägt die Flut,
Wenn Fremde sich dem Ufer nah'n,
Der Grenze, wo sein Wasser ruht:
So hob ihr Hals sich, weißer mehr,
So schlug sie mit der Schönheit Wehr
Des Toren allzu freien Blick
Und sein vermeintes Lob zurück.
Und wie ihr Gang war schön und frei,
So war sie dem Geliebten treu. –
Geliebter? War es Hassan? – Nein!
Ach, dieser Name war nicht dein!

– –

Verreist ist Hassan; mit ihm zieh'n
An zwanzig der Vasallen hin,
Bewaffnet, wie es ziemt dem Mann,
Mit Büchse und mit Atagan.
Der Führer, wie zum Krieg bewehrt,
Trägt am Gehäng' das scharfe Schwert,
Das der Arnauten Herzblut trank,
Als ihre Schar im Engpass sank
Und wenig nur es kund getan,
Was sie im Tal von Parnes[2] sah'n.
Pistolen er im Gürtel führt,
Die einen Pascha[3] einst geziert,
Die stets, obwohl mit Gold geschmückt,
Der Räuber selbst mit Furcht erblickt.
Er holt die Braut heim, wie es hieß,
Mehr treu als sie, die ihn verließ,
Die schamlos ihr Gemach erbrach,
Und für den Giaur – zu größ'rer Schmach!

– –

[1] Flügel.
[2] Parnitha, so der heutige Name, ist ein Gebirge nordwestlich von Athen.
[3] Titel der höchsten Militärs oder Zivilbeamten im osmanischen Reich.

Der Abendstrahl, am Bühl[1] noch wach,
Blitzt funkelnd aus dem Quellenbach,
Auf dem für kühle, klare Flut
Des Bergbewohners Segen ruht.
Hier winkt dem griech'schen Handelsmann
Die Rast, die er nicht suchen kann
Zu Haus, wo er, dem Herrn zu nah',
Geheimen Schatz gefährdet sah.
Hier mag er ruh'n und ohne Scheu –
In Städten Sklav', in Wüsten frei –
Beflecken mit verbot'nem Wein
den Becher, welchen Moslems scheu'n.

– –

Am Ausgang nimmt man den Tartar[2],
An gelber Mütze kenntlich, wahr,
In langen Reihen zieh'n gemach
Die andern durch den Engpass nach.
Blutdürstig auf den First gesetzt,
Ein Geierschwarm die Schnäbel wetzt,
Den wohl zu Nacht ein Festgericht
Herablockt vor dem Morgenlicht;
Tief unten ließ die Winterflut,
Vertrocknet durch des Sommers Glut,
Ein Bett zurück, wo nackt und bleich
Nur Strauchwerk wächst – zu welken gleich;
Am Pfad zu beiden Seiten hin
Liegt vom Granit der graue Grien[3],
Durch Zeit gerissen oder Blitz
Vom Gipfel aus dem Wolkensitz;
Denn wer hat Liakuras Höh'n[4]
Noch unverschleiert je geseh'n?

---

[1] Hügel.
[2] Heute Tatar; Sammelbezeichnung für zumeist islamisch geprägte Völker in West- und Zentralasien sowie in Osteuropa und Sibirien.
[3] Gebröckel, in der Schweiz üblich.
[4] Der Parnass, ein hohes Gebirgsmassiv in Zentralgriechenland und entsprechend der griechischen Mythologie Heimat der Musen und dem Gott Apollon geweiht.

– –

Der Fichtenwald ist nun erreicht.
»*Bismilla!*[z] Die Gefahr entweicht,
Denn offen liegt die Eb'ne dort;
Schnell spornt man jetzt die Rosse fort.«
Kaum spricht's der Tschausch[1] – da fliegt das Blei
Dicht über seinen Kopf vorbei,
Und in das Gras beißt ein Tartar.
Schnell hemmt der Zaum der Rosse Lauf,
Schnell aus den Bügeln springt die Schar,
Doch nie mehr steigen drei hinauf,
Vom Feind verwundet unsichtbar
Fleh'n sie umsonst um Rache auf.
Den Hahn gespannt, den Stahl entblößt,
Hält dieser sich am Sattel fest,
Vom Streitross halb geschützt,
Da jener hinter Felsen flieht,
Dem Angriff so entgegen sieht,
Er grimmt zu bluten itzt
Durch des verborg'nen Feindes Rohr,
Der sich nicht wagt ins Freie vor.
Nur Hassan steigt vom Ross nicht ab,
Setzt unerschrocken fort den Trab,
Bis ihn der Vorhut Blitz auf Blitz
Zu sicher zeigt der Räuber Sitz,
Die gut den einz'gen Weg umstellt,
Wo jetzt versproch'ne Beute fällt.
Da sträubte seinen Bart die Wut,[aa]
Und in sein Aug' fuhr wild're Glut:
»Ob nah und fern die Kugeln droh'n –
Mehr blut'ger Stund' entkam ich schon!« –
Der Feind, der nun die Schlucht verließ,
Die Schar sich zu ergeben hieß;
Doch Hassans wildes Machtgebot
Erschreckt sie mehr als Feind und Tod:
Von seinem Häufchen wirft kein Mann

---

[1] Abwertende Bezeichnung für südosteuropäische oder orientalische Völker.

Die Büchse weg, den Atagan,
Und keiner mutlos ruft: Aman![ab]
Und nah und näher – ganz erscheint
Der hinterste versteckte Feind,
Und folgend aus dem Wald gelangt
Ein Trupp, der hoch zu Rosse prangt;
Wer führt sie an, mit fremdem Schwert
Fernleuchtend seine Hand bewehrt?
»Er ist's! Er ist's! Ich kenn' ihn gleich
An seiner Stirne, wüst und bleich,
Am argen Blicke,[ac] der ihm half
Bei dem Verrat, den Neid entwarf,
Am Barte, pechschwarz wie die Nacht;
Doch schmückt ihn auch Arnautentracht,
Abtrünnig schnöder Glaubenspflicht,
Vom Tode soll's ihn retten nicht.
Willkommen mir zu jeder Stund',
Verführer Leilas, Christenhund!«

Gleichwie der Strom, zum Meere rollend,
Hinein mit finstern Fluten stürmet,
Das Meer dann, ihm entgegen grollend,
In Azursäulen stolz sich türmet,
Viel Ruten[1] weit zurück ihn drängt,
Schaum kräuselnd wilde Wogen mengt,
Weil Wirbel und gebroch'ne Flut
Der Wintersturm empört zur Wut,
Mit Donnerschlägen durch den Gischt
Der Wasser Wetterleuchten zischt
Entsetzlich weiß hin übers Land,
Dass flimmert und erbebt der Strand;
So wie sich Strom und Meer erfasst
Und das Gemisch der Wogen rast,
So ringt jetzt Schar und Schar vermengt
Von Hass und Wut zum Kampf gedrängt.
Gemetzel scharfer Säbel klirrt
Weit schallend, oder näher mehr

[1] Altes Längenmaß; eine Rute entspricht je nach Typus einer Länge von ungefär drei bis neun Metern.

Gellt in das pochende Gehör
Der Todesschuss, der fernher schwirrt;
Gestampf, Geschrei, Gestöhne irrt
Nachzitternd nun das Tal entlang,
Wo besser klänge Hirtensang.
Schon schmilzt die Zahl – doch keiner fleht
Um Leben, Schonung wird verschmäht.
O feurig klopft die junge Brust,
Ergreift und reicht sie Liebeslust;
Doch sie auch fühlt, wenn sie begehrt,
Was Schönheit seufzend nur gewährt,
Nicht halb die Brunst, mit der man hasst,
Zum letzten Mal den Feind umfasst,
Und mit den Armen ringend fest
Umklammert, was man nie mehr lässt.
Verlachen Treue, Lieb' und Freundschaft –
Treu bis zum Tod verknüpft die Feindschaft.

– – – – – – – – – – – – – – – – – – – –

Den Säbel, bis ans Heft zersplittert,
Noch nass vom Blut, das er verspritzt,
Von abgehau'ner Hand umgittert,
Die treu den Falschen hält noch itzt;
Der Turban fern gerollt im Lauf,
Zerschlitzt die strengsten Falten drauf;
Das Oberkleid zerfetzt vom Stahl,
Wie das Gewölk im Morgenstrahl,
Das rot gestreift ein Zeichen ist,
Dass sich der Tag mit Sturm beschließt;
Das Strauchweck blutig, wo im Riss
Der Palampor[ad] Fragmente ließ;
Die Brust zerhackt – in tausend Stücken –
Das Antlitz aufwärts – auf dem Rücken
Liegt Hassan jetzt; unzugedrückt
Noch nach dem Feind sein Auge blickt,
Als ob die Todesstunde Groll
Untilgbar überleben soll;

Und zu ihm beugt der Feind sich her,
Finster im Angesicht, wie er.

– – – – – – – – – – – – – – – – – – – –

»Ja, Leila schlummert tief im Meer,
Doch röter ist sein Grab nunmehr;
Gut lenkt' ihr Geist den Stahl, der dies
Fühllose Herz doch fühlen ließ.
Er rief zu Mahom[1] – doch die Rache
Des Giaur war stärker als der Schwache;
Er rief zu Allah – doch dies Wort
Ward nicht gehört, geachtet dort.
Ungläub'ger Tor! Wenn Leila fleht –
Ist's fruchtlos? Gilt nur dein Gebet?
Ich sah zurzeit, ließ Streiter nah'n,
Griff, Falscher, dich im Heimzug an;
Es ist vollbracht – mein Grimm schlief ein –
Nun geh' ich – doch ich geh' allein.«

– – – – – – – – – – – – – – – – – – – –

Kamele grasen, Glöckchen klingen,
Durchs Gitter seine Mutter sah –
Sah frischen Tau den Abend bringen,
Feucht lag die grüne Weide da;
Sah Sterne matt hervor sich ringen;
»Es dämmert! Sicher ist er nah.«
Sie fand in den Gartenlauben nicht Ruh',
Flog spähend dem höchsten der Türme zu;
»Was, kommt er nicht? Sein Ross ist gut
Und scheut sich nicht vor Sommerglut.
Was, schickt nicht der Bräutigam Gaben längst?
Ist sein Herz mehr kalt? Minder schnell sein Hengst?
O falscher Tadel! Den Tartar
Nehm' ich am nächsten Berge wahr.
Behutsam setzt er von dem Hang –

[1] Mohammed.

Jetzt sprengt er schon das Tal entlang –
Und die Gabe trägt er am Sattelbug –
Wie schien mir träg' des Renners Flug?
Ein reicher Lohn sei ihm zuteil
Für schweren Weg, willkomm'ne Eil'!«
Ab stieg nun der Tartar am Tor,
Erschöpft hielt er sich kaum empor;
Sein braunes Antlitz sprach von Gram –
Vielleicht, dass dies von Mattheit kam;
Sein Kleid war rot von Blut und feucht –
Vom spornverletztem Ross vielleicht.
Was zog er aus dem Kleid als Mal?
Engel des Todes! Hassans Turban-Schal!
Sein Kalpak ist's[ae] – sein Kaftan rot!
»Braut wurde deinem Sohn der Tod.
Verschont, nicht weil ich Mitleid fand,
Muss bringen ich dies Purpurpfand.
Dem Tapfern, der verblutet, Ruh!
Doch weh' dir, Giaur! Die Schuld trägst du.«

– – – – – – – – – – – – – – – – – – – –

Ein Turban, roh in Stein gehau'n,
Ein Pfeiler, moosumhüllt zu schau'n,
Worauf man kaum mehr lesen kann
Den Trauervers aus Alkoran[1],
Bezeichnen nun das Totenmal,[af]
Wo Hassan fiel im öden Tal.
Dort schläft ein Osman, treu – wie nie
Zu Mekka einer bog das Knie,
Der stets gehasst verbot'nen Wein,
Sein Antlitz hingewandt zum Schrein,
Gebete wiederholte lang,
Wenn ernst das »*Allahu*«[ag] verklang.
Zwar starb er durch des Fremden Hand,
Der Fremdling war in seinem Land,
Zwar starb er fallend im Gefecht,

[1] Anderes Wort für Koran, die Heilige Schrift des Islam.

Und mind'stens nicht durch Blut gerächt:
Doch Huri luden ihn alsbald
Voll Ungeduld ins Paradies;
Der Augen dunkler Himmel strahlt
Ihm nun für immer hell und süß;
Sie kommen – grüne Tücher weh'n –
Ein Kuss begrüßt den Tapfern schön –[ah)]
Wer kämpfend fällt durchs Giaur Schwert,
Ist ew'gen Heils am meisten wert.

– – – – – – – – – – – – – – – – – – – –

Doch du, Ungläub'ger, winde dich,
Schwingt rächend Monkirs Sense sich;[ai)]
Und bist du seiner Qual entfloh'n,
So wand're rings um Eblis[aj)] Thron,
und Glut, die unauslöschlich glüht,
Umgebe, fülle dein Gemüt,
Dass Ohr nicht hört noch Zunge nennt,
Wie inn'rer Hölle Pein dich brennt.
Doch früher sprenge – ein Vampir –[ak)]
Als Leichnam deines Grabes Tür,
Wohn' grässlich dann im eig'nen Haus
Und saug' das Blut der Deinen aus,
Dass so bei Tochter, Schwester, Weib
Der Lebensstrom versiegt im Leib.
Dir ekle vor dem Male; doch
Dein Leichenleben: frist' es noch,
Bis, eh' die Opfer ganz vergeh'n,
Im Dämon sie den Vater seh'n,
Dir fluchen und von dir verflucht
Am Stamm verdorren – Blüte, Frucht.
Von einer nur, die durch dich fallen,
Der Jüngsten, Liebsten dir aus allen,
Sei schmeichelnd Vater noch genannt,
Und durch dies Wort dein Herz entbrannt;
Doch enden musst du ganz, vergeh'n
Die Glut an Aug' und Wange seh'n,
Den letzten Blick, der eisig stiert,

Auf leblos mattem Blau gefriert.
Mit frevler Hand dann reiße ihr
Vom Haupt des gelben Haares Zier,
Von dem ein Löckchen nur gewährt
Sonst zärtlichst ward als Pfand verehrt,
Das aber jetzt von dir entführt,
Ein Denkmal deiner Marter wird.
Vom liebsten Blute triefend dann
Gefletschten Mund, geknirschten Zahn,[al)]
Schleich in dein finst're Grab dich fort,
Mit Gol[1] und Afrit[2] tolle dort,
Bis sie entsetzt vor dir verweh'n,
Den mehr als sich verflucht sie seh'n.

– –

Wie heißt der dort im Mönchgewand?
Sein Antlitz sah ich einmal schon
Vor Jahren einst im Vaterland,
Wie er am öden Strand entfloh'n
Zu Ross, so flink, als je sich bot
Ein Renner für des Reiters Not.
Nur einmal sah ich's, doch so grass
Von inn'rer Qual gezeichnet, dass
Ich es bis jetzt noch nicht vergaß;
Noch haucht's denselben finstern Geist,
Als sei vom Tod es eingeeist.

»Im Sommer sind sechs Jahre hin,
Seit er zuerst sich uns gezeigt,
Zu weilen hier bestimmte ihn
Wohl schwarze Tat, die er verschweigt:
Allein zur Vesper[3] sank er nie,
Noch vor dem Beichtstuhl je aufs Knie,
Noch nahm er teil, wenn Chorgesang
Und Weihrauch sich gen Himmel schwang;

[1] Ghul; ein leichenfressendes Fabelwesen.
[2] Eigentlich Ifrit; Dämon in der islamischen Mythologie.
[3] Christliches Abendgebet.

Meist in der Zelle dumpf daheim,
Blieb Stamm und Glauben uns geheim.
Er kam zur See vom Heidenland,
Stieg dort herauf zu uns vom Strand;
Allein ein Osman scheint er nicht,
Und Christ auch nur von Angesicht;
Er dünkte mir ein Renegat[1],
Der hier bereut des Abfalls Tat –
Doch er vermeidet den Altar,
Genuss des Heil'gen Mahls[2] sogar.
Viel Reichtum hat er hergebracht,
Den Abt sich so geneigt gemacht;
Doch wär' ich Prior nur – ich ließ
Ihn keinen Tag hier oder stieß
Zur Büßerzelle ihn hinein –
Die sollt' ihm ew'ger Wohnort sein!
Oft murmelt er in Träumen her:
Sein Liebchen sei versenkt ins Meer,
Der Säbel flink, der Feind geflüchtet,
Die Schuld gerächt, der Türk vernichtet.
Man sah, dass er am Ufer stand
Und faselnd sprach von blut'ger Hand,
Die frisch vom Körper abgehau'n
Unsichtbar, nur für ihn zu schau'n,
Ihn hingewinkt zu seinem Grab,
Gelockt zum Sprung ins Meer hinab.«

Unirdisch, finster, grämlich sticht
Aus brauner Kutte sein Gesicht;
Der Blitz des Aug's, geöffnet weit,
Verrät zu viel Vergangenheit,
Und wechselt auch sein Nebelschein –
Wer ihn geseh'n, wird's lang bereu'n;
Denn namenloser Zauber bricht,
Aus ihm, der – unaussprechlich – spricht,
Ein hoher, unbezwung'ner Geist,

[1] Abtrünniger; jemand, der seinen religiösen Glauben gewechselt hat.
[2] Der »Leib Christi«, eine Opfergabe/Hostie, die den gläubigen Christen zur heiligen Messe zum Verzehr gereicht wird.

Der Obmacht[1] heischt und an sich reißt;
Und wie der Vogel bebt und bange
Nicht fort kann aus dem Blick der Schlange,
So macht sein Blick auch unerträglich
Verzagt und doch zu flieh'n unmöglich.
Der halb erschrock'ne Mönch entflieht,
Wenn er mit ihm allein sich sieht;
Sein Blick – sein bitt'res Lächeln schreckt,
Als ob es Arglist nur entdeckt.
Oft lächelt zwar der Stolze nicht,
Doch traurig zeigt dann sein Gesicht,
Wie's lächelnd Hohn dem Elend spricht.
Wie's zuckt – den bleichen Mund verzieht –
Und wie für immer dann entflieht!
Als ob es Stolz ihm oder Weh
Verboten, noch zu lächeln je.
Wohl gut wär's! Denn so grause Lust
Entspringt aus keiner frohen Brust.
Allein noch trüber stellt sich dar,
Was einst Gefühl im Antlitz war;
Zeit hat die Züge nicht verwischt,
Mit lichtern finst're nur gemischt,
Und Nachglanz zeigt, nicht ganz erstorben,
Noch ein Gemüt, nicht ganz verdorben,
Ob's Schuld auf Schuld auch sich erworben.
Der Pöbel zwar entdeckt hier nichts
Als Nacht der Tat und des Gerichts,
Allein der schärf're Blick gewahrt
Den hohen Geist, die edle Art.
Sind sie vergebens auch gewährt,
Durch Gram entstellt, durch Schuld versehrt;
Nie zählt man zu der Menge ihn,
Dem solche Gaben sind verlieh'n,
Und immer, fast von Angst gepresst,
Verweilt auf ihn das Auge fest.
Die Hütte, dachlos und zerschellt,
Hält einen Wand'rer kaum zurück;

---

[1] Herrschafts- und Befehlsgewalt; Führung; Oberbefehl bzw. -kommando.

Der Turm jedoch, durch Sturm gefällt,
Wo trotzig eine Zinne hält,
Heischt und erschreckt des Fremden Blick;
Denn jeder Pfeiler efeugrün,
Zeigt stolz von Ruhm, der nun dahin.

»Sein Kleid um sich gefaltet zieht er
Im Säulengang nun langsam fort;
Sein Anblick schreckt, und finster sieht er
Die Andacht, welche weiht den Ort.
Nun hallt der Chor von Gottes Ruhm –
Die Mönche knien – nun kehrt er um.
Der Lampe stilles Flackerlicht
Erhellt im Kreuzgang sein Gesicht;
Er harrt, bis es zu Ende geht,
Hört beten und – spricht kein Gebet.
Sieh, wie am Pfeiler, halb erhellt,
Sein Haar aus der Kapuze fällt,
Das wild die bleiche Stirn umstrickt,
Als ob Gorgona[1] drauf gedrückt,
Die schwärzeste der Schlangenbrut,
Die ihm auf grauser Stirne ruht,
Abweichend von dem Klostereid
Wuchs die unheil'ge Locke groß,
Und doch trägt er das Ordenskleid
Und macht – nicht fromm – aus Hoffart bloß
Die Mauern reich, die nie gehört,
Dass ihm ein heil'ges Wort entfährt.
Sieh, wie nun lauter Gottes Lob
Harmonisch sich gen Himmel hob –
Die Wange blass, die Haltung Stein,
Trotz und Verzweiflung im Verein.
Halt ihn, Franziskus, vom Altar!
Sonst droht des Himmels Zorn Gefahr
Und wird durch Omen offenbar.
Ein böser Engel stellt, fürwahr,
Nur so in Menschenform sich dar;

[1] Medusa.

Und ob auch Schuld vergeben werde –
Den Blick sah Himmel nicht noch Erde.«

– –

Ein sanftes Herz fühlt Liebe bald,
Doch nie der Liebe Allgewalt;
Zu blöde, hehlt es seinen Gram,
Zu schwach ist's, wenn Verzweiflung kam.
Es fühlt allein das stärk're Herz
Der Wunde unheilbaren Schmerz.
Metall, das roh im Schachte lag,
Muss glühen, dass es glänzen mag;
Die Ofenflamme macht es weich
Und schmelzt es – doch es bleibt sich gleich.
Es wird, wie du es brauchst, durch Glut
Zum Schützen wie zum Morden gut,
Ein Brustschild für die Zeit der Not,
Ein Schwert zu deines Feindes Tod;
Und wenn ein Dolch – dann sei bedacht,
Wer seine Spitze schärfer macht!
Der Frauen Gunst, der Liebe Schmerz,
Zähmt, wandelt so das stärk're Herz;
Durch sie wird es in Form gepresst,
Wie sie es bilden, bleibt es fest,
Es bricht – eh' sich es beugen lässt

– –

Folgt Einsamkeit auf Gram – gering
Ist dann der Trost: Die Qual verging!
Der leere Busen dankt dem Schmerz,
Der minder öde ließ das Herz;
Was niemand teilt, macht Überdruss,
Selbst Glück quält im Alleingenuss;
Das Herz, so einsam ganz gelassen,
Muss aus Bedürfnis endlich hassen.
So wär's dem Toten, wenn er fühlt,
Wie rings der Eiswurm ihn umwühlt,

Und schaudernd, weil Gewürm sich jetzt,
Den Moderschlaf bejubelnd, letzt[1],
Die Macht vergisst, die es verwehrt,
Dass kalt Gezücht am Staube zehrt.
So wär's dem Wüstenvogel auch,[am)]
Der aufreißt seines Busens Flut,
Und wie sie hungrig kreischt, die Brut,
Gern hingibt eig'nen Lebenshauch –
Wenn sie, wie er die Brust zerriss,
Entfloh'n ihr leeres Nest verließ.
Entzücken wird aus schärfster Pein
Für ein Gemüt, das schaurig, leer,
Blattlose Wüste ward, wo kein
Gefühl das Herz beschäftigt mehr.
Wer will verdammt sein, stets im Blauen
Nicht Sonne noch Gewölk zu schauen?
Mehr grässlich ist's als Sturmgetos',
Zu trotzen nie dem Wogenstoß,
Und wenn der Krieg der Winde schwand,
Ein Wrack zu sein am Glückesstrand,
In ekler Ruh und stummer Bucht
Zu heimlichem Verfall verflucht.
Besser versenkt vom Sturme tief,
Als stückweis faulen so am Riff!

– –

»Vater, dein Sein ging friedlich hin
Nur in Gebeten, ungezählt;
Durch dich ward andrer Schuld verzieh'n –
Selbst schuld- und sorglos, nur gequält
Von flücht'gem Leid, das keinem fehlt,
Blieb bis ins Alter sanft dein Blut,
Du magst dich segnen vor der Wut
Der Leidenschaft, die heiß und wild
Des Sünders Beichte dir enthüllt,
Dem offen steht für Schuld und Schmerz

[1] Letzen = laben, sich erquicken.

Dein reines, mitleidvolles Herz.
Mein Sein jedoch, zwar kurz bisher,
Bot Freuden viel, doch Leiden mehr,
Doch nie, ob ich geliebt, gehasst,
Hat Lebenssattheit mich erfasst;
Bei Freunden jetzt, bei Feinden nun –
Stets war mir's ekel, träg' zu ruh'n.
Jetzt aber ohne Lieb' und Groll,
Nicht stolz mehr und nicht hoffnungsvoll,
Wär' lieber ich vom Giftgezücht,
Wie es an Kerkerwänden kriecht,
Als dumpf zu leben, wechsellos,
Hinbrütend und beschauend bloß.
Ein Wunsch nur lauscht in meiner Brust –
Nach Rast – doch Rast mir unbewusst.
Bald wird wohl die Gewährung nah'n,
Bald schlaf' ich tief, nicht träumend mehr,
Was einst ich war und gern noch wär',
Schwarz, wie dir dünkt, was ich getan.
Nur Grab ist mein Gedächtnis nun,
Wo lang schon Glück und Hoffnung ruh'n.
Wär's besser auch, mit tot zu sein,
Als leben, langgeweilt durch Pein;
Nie hat sich noch mein Geist entsetzt
Vor Schmerz, der endlos stechend quält,
Nie hätte Selbstmord ich erwählt –
Wie Toren sonst und Feige jetzt;
Doch nie vor Tod auch bebte ich –
Wie süß, wenn er im Schlachtfeld mich,
Wo die Gefahr mich lockte, traf –
Des Ruhmes, nicht der Liebe Sklav'.
Ich trotzte ihr – auf Ruhm nicht dacht' ich –
Ersiegt – verspielt – des Lorbeers lacht' ich!
Lass andre drum die Welt verheeren
Für Söldnerlohn und hohe Ehren!
Doch mir gib die Vergangenheit!
Kommt, die als Preis ihr würdig seid:
Geliebtes Weib! Verhasster Mann!
Die Bahn des Ruhms durchflieg ich dann;

Zu retten – töten – wie es Not –
Durch Schwerter, Feuer, Kampf und Tod! –
Doch blicke den nicht zweifelnd an,
Der tun will, was er schon getan!
Tod ist's, was Starke trotzend seh'n,
Was Schwache dulden, Arme fleh'n –
Mag hin das Sein zum Ursein geh'n!
Hat die Gefahr mich nicht entsetzt
In Glück und Hoheit – warum jetzt?

– –

Ich liebte, betete sie an!
Doch dieses Wort braucht jedermann –
Ich hab' es mehr durch Tat bewährt:
Ein Blutfleck blieb auf meinem Schwert,
Ein Blutfleck, der nicht weichen kann,
Verspritzt für sie, die starb für mich,
Aus einer Brust, die ich gehasst.
Doch starre nicht, und kreuze dich!
Es mehrt nicht meiner Sünden Last;
Du sprichst von dieser Tat mich los,
Verübt am Feind des Glaubens bloß –
Des Nazaräers[1] Name schon
War Wermut[2] jenem Heidensohn.
Der Tor, der Undankbare, bringt
Das Schwert, wenn gut die Hand es schwingt,
Die Wunde, die ein Christ gab, gleich
Den Türken in sein Himmelreich;
So harrte sein der Huri Chor,
Voll Ungeduld an Mahoms Tor. –
Ich liebte sie, und Liebe wagt,
Wo selbst der Wolf zu rauben zagt;
Und wagt sie viel, so wär' es hart,

[1] So wurden die ersten Christen genannt. Hier allerdings für Jesus Christus verwendet.

[2] Hier steht Wermut im poetischen Sinne für Bitterkeit und Trauer, kann aber in der biblischen Bedeutung auch als »Quelle der Bitterkeit« verstanden werden, also als Symbol für Gottes Gericht.

Wenn ihr nicht auch Belohnung ward –
Gleich gilt hier: wo und was und wie –
Ich seufzte nicht umsonst für sie.
Doch manchmal wünsch' ich tief betrübt:
O hätte sie mich nie geliebt!
Sie starb – ich darf nicht sagen, wie;
Doch meine Stirne zeigt es – sieh!
Kains Fluch und Sünde[1] lese dort –
Die Lettern wischt die Zeit nicht fort.
Doch ehe du verdammst – halt' ein!
Der Anlass, nicht die Tat ist mein;
Doch er tat nur, was ich getan,
Betrog sie mehr als einen Mann:
Ihm untreu – führte er den Streich,
Mir treu – und er lag kalt und bleich.
Zwar fällte Recht das Urteil ihr;
Doch treu durch Treubruch gab sie mir
Ihr Herz hin, welches einzig frei
Nicht fesseln kann die Tyrannei,
Und ich – zu spät zur Rettung – gab,
Was ich vermocht, ihr mit hinab,
Gab – Trost doch war's – dem Feind ein Grab.
Mich drückt sein Tod nicht; ihr Geschick
Nur schuf mich hassenswert dem Blick.
Sein Los stand fest; ihm war's bekannt –
Tahiri warnte ihn vorher,
In dessen ahnendes Gehör[an)]
Der Schuss des Mörders tönte schwer,
Eh' seine Schar am Wahlplatz stand;
Auch starb er im Getös' der Schlacht,
Wo Schmerz und Not nicht wird bedacht –
Ein Hilf'schrei drang zu Mahom bloß,
Und ein Gebet zu Allah schloss;
Er kannte mich – und suchte mich –
Ich aber sah, wie er erblich,
Sah, wie hinweg die Seele schlich;

[1] Gemeint ist das sogenannte Kainsmal, das seinen Träger als Schuldigen kennzeichnet. Es geht auf Kain zurück, den erstgeborenen Sohn von Adam und Eva aus der Bibel, der seinen jüngeren Bruder Abel tötete.

Doch gleich dem Parder[1], tief verletzt,
Empfand er halb nicht, was ich jetzt;
Vergebens suchte ich, die Weh'n
Verwundeten Gemüts zu seh'n,
Denn an der finstern Leiche trug,
Nicht Reue, Wut nur jeder Zug.
Was gäbe drum die Rache hin!
Erschien Verzweiflung ihr darin,
Der letzten Stunde letzte Reu',
Wo schon der Buße Macht vorbei,
Wo sie vom Grab kein Schreckbild scheucht,
Nicht retten kann noch Lind'rung reicht.

– –

Ein kaltes Land gibt kaltes Blut –
Doch fühlt man kaum, was Liebe heißt;
Mein Blut war heiß wie Lavaflut,
Die Ätnas[2] Flammenbrust durchkreist;
Nicht faseln konnt' ich, wimmern je
Von Liebesjoch und Liebesweh.
Wenn heiße Adern, Blässe, Glut,
Ein Mund, der weder klagt noch ruht,
Ein brechend Herz, ein Hirn voll Wut,
Wenn Wagnis, Rach'gelüst und was
Ich fühle und gefühlt – wenn das
Von Liebe zeugt, so liebte ich,
Und bitter wohl bewährt es sich.
Nicht weinen konnt' ich, seufzen – nein!
Erringen – sterben – das allein.
Ich sterbe – doch besaß den Lohn,
Und kommt, was will – war selig schon.
Soll ich ein Los der Wahl beklagen?
Nein! Ausgeraubt, doch ohne Zagen,
Bangt mir um sie nur, die erschlagen.
Doch gib mir mit dem Schmerz die Lust,

[1] Eine alte Nebenform von Leopard.
[2] Der Ätna, auch Mongibello genannt, liegt auf der Insel Sizilien und ist der höchste aktive Vulkan Europas.

Und wieder lebt und liebt die Brust.
Ja, heil'ger Mann, mir fällt nunmehr
Ihr Tod nur, nicht der meine, schwer!
Sie schläft, wo wandernd Wogen zieh'n –
Ach! Wär' ein Erdgrab ihr verlieh'n,
Dies Herz, das bald schon stille steht,
Es teilte dann ihr enges Bett.
Sie war ein Bild voll Lust und Licht,
Blieb immerdar mir im Gesicht,
Schien, wo ich hinsah, nah und fern,
Mir als Erinn'rungs-Morgenstern!

Ja, von dem Himmel stammt sie ab,
Ein Funke ew'ger Glut ist Liebe,
Den Allah uns und Engeln gab,
Vom Staub zu heben nied're Triebe;
Dringt Andacht auch zum Himmel ein –
Herab zieht Liebe ihn allein.
Sie ist ein Fühlen, Gott entlehnt,
Das von der Selbstsucht Schmutz entwöhnt,
Ein Strahl vom Allerschaffer stammend,
Ein Nimbus[1], rings das Herz umflammend.
Nenn unrein meiner Liebe Geist,
Nur was man falsch oft Liebe heißt,
Auch sündhaft, wenn du willst – nur sprich,
O sprich: Sie liebte schuldlos mich.
Sie war als Leitstern mir erwacht,
Verlosch – und nichts erhellt die Nacht;
O führte jetzt noch mich sein Strahl –
Und sei's zu Tod und ärgster Qual!
Wie könnt ihr staunen nur, dass er,
Der nicht mehr hat, noch hofft dies Glück,
Nicht weichlich ringt mit Trübsal mehr, –
Nein! Rasend anklagt sein Geschick
Und in der Tobsucht Gräuel übt,
Wodurch er Schmerz mit Schuld noch trübt?
Ach! Blutet innerlich das Herz –

[1] Heiligenschein.

Dann schreckt es nicht ein äuß're Schmerz,
Und stürzt man aus dem Himmelreich –
In welchen Abgrund, gilt dann gleich.
Wild wie der finst're Geier nun
Erschein' ich dir in meinem Tun,
Und Abscheu zeigt dein Antlitz nun;
Ich ward, dass ich auch ihn erfuhr,
Ja, jenem Raubtier gleich betrat
Ich mit Zerstörung meinen Pfad;
Doch auch die Taube lehrte mich:
Treu erster Liebe sterbe ich.
Ja, diese Lehre gibt dem Mann
Ein Tier, das er verachten kann:
Der Vogel, der im Busche schlägt,
Der Schwan, den fort die Welle trägt,
Ein Weibchen nur zu wählen pflegt.
Dem Wechsel sei der Tor geneigt,
Er spöttle, wo Bestand sich zeigt,
Und prahle frech mit Bubenspiel;
Ich neide nicht sein Siegsgefühl,
Ich setze solch herzlosen Mann
Tief unter den verlass'nen Schwan,
Tief unter jene Maid, die schwach
Für Glauben fand Betrug und Schmach.
Nicht solchen Schandfleck trug ich je!
Mein Denken, Leila, gilt nur dir –
Mein Heil und Unheil! Wohl und Weh!
Mein Hoffen dort! Mein Alles hier!
Nichts blüht auf Erden, das dir glich,
Und blüht's – so blüht es nicht für mich;
Nicht seh'n um Welten mag ich's – ist
Ein Weib dir gleich – wenn du's nicht bist;
Die schuldverderbte Jugendzeit,
Mein Totenbett bezeug' es heut.
Zu spät kommt alles! Bist du doch
Des Herzens teurer Wahnsinn noch!

Sie starb – und o, ich hauchte noch,
Doch Lebensodem war es nicht;

Ums Herz mir jene Schlange kroch,
Die stets zum Kampfe reizend sticht;
Nicht Zeit gewahr mehr, floh ich nur,
Entsetzt vom Antlitz der Natur,
Wo, reizend frisch sonst, jeder Zug
Die Schwärze meines Busens trug.
Was übrigt noch – das weiß dein Herz,
Ganz meine Schuld, halb meinen Schmerz;
Doch sprich von Reue mir kein Wort –
Du siehst, bald muss von hier ich fort –
Und ist dein heil'ger Spruch kein Wahn,
Getanes machst du ungetan. –
Ich dank' dir ja; doch solche Pein
Kehrt nicht um Trost bei Priestern ein.
Rat heimlich, wie es steht um mich,
Mitleid'ger sei, und minder sprich![ao)]
Gebiete Leila, zu ersteh'n,
Dann will ich um Vergebung fleh'n,
Dann sei mein Anwalt dort, wo feil
Um Messen ist das Seelenheil.
Geh – wo des Jägers Hand im Forst
Die Jungen riss aus ihrem Horst –
Sprich der verlass'nen Löwin zu!
Nicht mich mit Trost verhöhne du.

In stillen Tagen, längst dahin,
Wo froh mit Herz sich Herz vereint,
Dort, wo der Heimat Lauben blüh'n,
War – ach! Wo jetzt? – Mir einer Freund.
Ich sende dieses Pfand noch hin;
Ein Denkmal für den Jugendschwur,
Erinnr' es an mein Ende ihn.
Gedenkt der Geist in sich gekehrt,
Des fernen Freunds auch flüchtig nur –
Mein welker Name bleib' ihm wert.
Wie wahr! Er sah mein Los vorher;
Ich lächelte – wie konnt' ich doch!
Als mit der Klugheit Stimme er
Gewarnt den Unbesorgten noch.

Nun raunt Erinn'rung mir ins Ohr
Die Worte, kaum bemerkt zuvor.
Sag ihm, sein Ahnen ist erfüllt;
Erschrecken wird er, wenn er's hört,
Und wünschen, dass sich's nicht bewährt.
Sag ihm, ob ich auch sorglos wild
Bei manchem bittern Anlass zwar
In unsrer gold'nen Jugend war –
Im Schmerze hätt' ich sterbend noch
Gesegnet sein Gedächtnis doch;
Allein des Himmels Zorn verschmäht –
Für Unschuld selbst – der Schuld Gebet.
Ich will nicht seinen Tadel stumm;
Er geht nur zart mit Leumund um, –
Und was hab' ich zu tun mit Ruhm!
Ich will nicht, dass sein Klagen schweigt,
Weil solcher Wunsch Verachtung zeigt, –
Und was kann mehr als Freundeszähren[1]
Dem Sarg des Bruders Schmuck gewähren?
Gib ihm den Ring, einst sein, und sprich,
Wie du mich sahst, als ich verblich:
An Leib und Seele welk, erschlafft,
Ein Wrack, den rückließ Leidenschaft,
Verschrumpftes Blatt, verstreutes Laub,
Dem Herbststurm Gram verfall'ner Raub.

– – – – – – – – – – – – – – – – – – – –

O, nenn es nicht ein Traumgesicht!
Nein, Vater, nein! Ich träumte nicht;
Weil Traum nur Schlummernden erscheint.
Ich wachte – hätte gern geweint
Und konnte nicht; in heißer Stirn
Schlug mir der Puls bis tief ins Hirn,
Nur eine Träne wünschte ich,
Willkommen hold und neu für mich;
Ich wünsche sie, wie damals noch –

[1] Zähre = Träne.

Verzweiflung weigert sie jedoch.
Vergeude dein Gebet nicht mehr;
Verzweiflung ist ja mächtiger,
Ich will nicht, mag nicht selig sein;
Kein Himmel fehlt mir; Rast allein.
Ja, damals war es, Vater, da,
Dass ich sie lebend wiedersah;
In dem Symar[ap)] erschien sie licht,
Wie dort der Stern aus Wolken bricht,
Den ich wie sie jetzt schaue – doch
Viel holder blickte, blickt sie noch.
Schon ist getrübt sein Zitterschein,
Die Nacht wird morgen dunkler sein,
Und ich – eh' er sich strahlend hebt –
Bin leblos, Schreckbild dem, der lebt.
Doch irr' schon red' ich, weil den Geist
Es mächtig hin zum Endziel reißt. –
Ich sah sie, Mönch, und sprang empor,
Vergessend, was ich litt zuvor,
Flog aus dem Bett und hielt sie fest,
Ans hoffnungslose Herz gepresst,
Umschloss – ach, was umschloss mein Arm?
Kein Wesen war es, atmend, warm,
Kein Herz schlug meinem Herzen zu,
Und doch – du warst es, Leila, du!
Und so verändert – ach, so sehr!
Mein Auge sieht – mein Arm ist leer.
Doch mag dein Reiz auch kalt nun sein,
Schließt nur der Arm mein Alles ein,
Und wär' es nur für ewig mein!
Doch ach! Nur Luft ist's, was er hält –
Zurück zur öden Brust er fällt. –
Doch – noch seh' ich sie schweigend steh'n
Und winkend mit den Händen fleh'n!
Helldunkles Aug'! Geflocht'nes Haar!
Sie ist nicht tot – es ist nicht wahr!
Doch er ist tot! Ich sah im Tal,
Dort, wo er fiel, sein Grab, sein Mal.
Er steigt nicht aus der Erde Nacht,

Er kann nicht – wie bist du erwacht?
Sie sagten, Wogen rollen wild
Hin über dein geliebtes Bild;
Sie sagten – ach, es klingt so graus,
Die Zunge spricht es nimmer aus –
Ist's wahr? Du flohst die Meeresschlucht,
Hast dir ein still'res Grab gesucht?
O! Streichle mir mit feuchter Hand
Die Stirne – dann verlischt der Brand;
Mein hoffnungsloses Herz berühr!
Ob lebend, ob als Schatten hier –
Erbarm dich – scheide nicht von mir!
Ach, oder lass uns weiter flieh'n,
Als Winde weh'n und Wasser zieh'n!

– –

So ist mein Name, meine Beicht';
Verschwieg'nes Ohr, mit leisem Hauch,
Hat so mein Jammerlos erreicht.
Dank für die edle Träne auch,
Die nie mein Auge mehr beschlich!
Zu schlichten Toten lege mich,
Und nur ein Kreuz erhebe sich,
Das Name nicht noch Sinnbild hat,
Dass nicht des Fremdlings Neugier naht,
Des Pilgers Schritt verweilt am Pfad.«

Er schied. Zu Name und Geschlecht
Führt keine andre Spur zurecht,
Als was der Mönch nicht sagen mag
Von seiner Beicht' am Sterbetag.
Was kund nur, kann dies Bruchstück sagen:
Wen er geliebt und wen erschlagen.[aq)]

Anmerkungen des Autors

a) Ein Grab auf den Felsen des Vorgebirges, von einigen für die Grabstätte des Themistokles[1] gehalten.

b) Die Liebe der Nachtigall zur Rose ist eine wohlbekannte persische Fabel. Wenn ich nicht irre, so ist »der Bulbul der tausend Märchen« eine ihrer Benennungen.

c) Die Gitarre ist bei Nacht die beständige Unterhaltung des griechischen Seefahrers; bei stetig günstigem Wind und während einer Windstille ist sie immer von Gesang und oft von Tanz begleitet.

d) »Ja aber sterben, geh'n wer weiß wohin, / Liegen in der Erstarrung Frost« – Shakespeares »Maß für Maß«: Akt 3. Szene 2.

e) Ich glaube, dass wenige meiner Leser jemals Gelegenheit gehabt haben, das bezeugen zu können, was hier zu beschreiben versucht worden ist; doch diejenigen, welche sie gehabt haben, werden wahrscheinlich eine schmerzliche Erinnerung an jene eigene Schönheit behalten, welche, mit seltenen Ausnahmen, die Züge des Toten wenige Stunden, doch auch nur wenige Stunden nachher, wenn der Geist nicht mehr da ist, einnimmt. Es ist zu bemerken, dass beim gewaltsamen Tod durch Schusswunden der Ausdruck allzeit der des Schmachtens ist, wie auch immer die natürliche Charakter-Energie der Leidenden war; im Tod durch den Dolch aber behält die Gebärde den Zug von Gefühl oder Grimm und die letzte Richtung des Gemüts.

f) Athen ist das Eigentum des Kislar-Aga[2] (des Sklaven des Serails und Hüters der Weiber), welchen der Woiwode[3] ernennt. Ein Kuppler und Eunuch – dies sind nicht feine, aber wahre Benennungen – ist nur Statthalter des Statthalters von Athen.

g) Giaur: Ungläubiger.

---

[1] Themistokles (um 524 v. Chr. bis um 459 v. Chr.), Wegbereiter der Demokratie und Athener Staatsmann und Feldherr; unter seinem Befehl wurden die Perser in der Seeschlacht bei Salamis (480 v. Chr.) vernichtend geschlagen.

[2] »Aufseher der Mädchen«; Titel des Oberaufsehers der schwarzen Verschnittenen und des Harems des türkischen Sultans; eine Person von sehr großem Einfluss.

[3] Eigentlich ein Heerführer (vergleichbar einem Herzog), später aber auch Titel des Gouverneurs einer Provinz.

h) Tophaike: Flinte des Bairam[1], wird durch Kanonenschüsse bei Sonnenuntergang angesagt; die Beleuchtung der Moscheen und das Feuern aus jeder Art scharf geladener Kleingewehre verkünden ihn während der Nacht.

i) Dscheried oder Dscherrid: Ein stumpfer türkischer Wurfspieß, welcher zu Pferd mit großer Kraft und Genauigkeit geschleudert wird. Es ist eine Lieblingsübung der Muselmänner[2]; doch weiß ich nicht, ob sie eine männliche genannt werden kann, da die Gewandtesten in dieser Kunst die schwarzen Eunuchen von Konstantinopel sind. Mich dünkt, nächst diesen war ein Mameluk[3] in Smyrna[4] der Geschickteste von denen, die ich selbst beobachtete.

j) Simum: Der Sturm der Wüste, jedem lebenden Wesen verderblich und oft erwähnt in der Poesie des Orients.

k) Am Mahl teilzunehmen, Brot und Salz zu brechen mit seinem Wirt, verbürgt die Sicherheit des Gastes, sogar eines Feindes; seine Person ist von diesem Augenblicke an geheiligt.

l) Es bedarf kaum der Bemerkung, dass Mildtätigkeit und Gastlichkeit die ersten Pflichten sind, welche Mahomed einschärft, und die Wahrheit zu sagen, sie werden sehr häufig von seinen Bekennern ausgeübt. Das erste Lob, welches einem Oberhaupt erteilt werden kann, ist eine Anpreisung seiner Wohltätigkeit, das nächste seiner Tapferkeit.

m) Der Atagan: Ein langer Dolch, wird mit den Pistolen im Gürtel getragen, in einer Scheide von Metall, gewöhnlich von Silber, bei den Reicheren vergoldet oder golden.

n) Grün ist die privilegierte Farbe der zahlreichen vorgeblichen Nachkommen des Propheten; mit dieser, wie hier, scheint der Glaube (das Familien-Erbteil) die Notwendigkeit guter Werke aufgehoben zu haben; sie sind die schlechtesten einer sehr gleichgültigen Brut.

o) »*Salam aleikom! Aleikom salam!*« – »Friede sei mit Euch! Mit Euch sei Friede!« – Die Begrüßung, welche dem Rechtgläubigen vorbehalten ist; für einen Christen sind: »*Urlarula!*« – »Glückli-

---

[1] Islamischer Feiertag.

[2] Alte deutsche, heute weitgehend als politisch unkorrekt angesehene Bezeichnung für Muslime.

[3] Ursprünglich: Militärsklave; allgemein Leibwächter morgenländischer Herrscher.

[4] Antike Stadt in Kleinasien, heute das türkische Izmir.

che Reise!« oder »*Saban hiresem! Saban serula!*« – »Guten Morgen! Guten Abend!« und zuweilen: »Möge Euer Ende glücklich sein!« die gebräuchlichsten Begrüßungen.

p) Der blauflügelige Schmetterling in Kaschmir, der seltenste und schönste aller Gattungen.

q) Anspielung auf den zweifelhaften Selbstmord des Skorpions, wenn er von zartfühlenden Philosophen zum Versuch in solche Lage gebracht wird. Einige behaupten, dass die Richtung des Stachels, gegen den Kopf gewendet, bloß eine krampfhafte Bewegung sei; andere aber haben wirklich gestimmt für *Felo de se*[1]. Die Skorpione sind gewiss für schnelle Entscheidung dieser Frage interessiert, da es ihnen, wenn sie einmal förmlich als Insekten-Catos anerkannt sind, wahrscheinlich erlaubt werden wird, so lange zu leben, wie sie es gehörig erachten, ohne um einer Hypothese willen gemartert zu werden.

r) Die Kanonenschüsse bei Sonnenuntergang schließen den Ramadan. *(siehe Anmerkung h)*

s) Phingari: Der Mond.

t) Der berühmte fabelhafte Rubin des Sultans: Dschemschid, des Verschönerers von Istakar[2], seines Glanzes wegen: Schebgerag, »die Fackel der Nacht«, auch »der Becher der Sonne« genannt.

u) Al-Sirath: Die Brücke – schmaler als der Faden einer ausgehungerten Spinne – über welche die Muselmänner in das Paradies gleiten müssen, zu welchem das der einzige Zugang ist. Doch dies ist nicht das Ärgste. Der Strom darunter ist die Hölle selbst, in welche, wie zu erwarten, die Ungeschicktesten und unsicher Tretenden mit einem *facilis descensus awerni*[3] hinabtaumeln, zu nicht sehr erfreulichem Anblick der Nachfolgenden. Für Juden und Christen gibt's einen kürzeren Weg hinunter.

v) Allgemeiner Irrtum: Der Koran bewilligt wenigstens ein Drittel des Paradieses den Frauen von guter Ausführung; aber die bei Weitem größere Zahl der Muskelmänner erklärt den Text auf ihre eigene Weise und schließt ihre Hälften vom Paradies aus. Als Feinde alles Platonischen können sie nichts Angenehmes an

---

1 »Verbrecher an sich selbst«; Selbstmord.

2 Istachr ist eine bedeutende historische Ruinenstätte im heutigen Iran, die aus den Trümmern der unter Alexander dem Großen (356 v. Chr. bis 323 v. Chr.) zerstörten Stadt Persepolis errichtet worden war und als Sommerresidenz persischer Herrscher diente.

3 In die Hölle gehen.

den Seelen des anderen Geschlechts finden, welche sie als den Huris nachgesetzt betrachten.

w) Ein orientalisches Gleichnis, welches, obwohl ein gut angebrachtes Plagiat, dennoch *plus arabc qu'en Arabie*[1] scheinen mag.

x) Hyazinthenfarbig, im Arabischen »Sunbul«, ein ebenso gebräuchlicher Gedanke in orientalischen Dichtern, wie er es unter den Griechen war.

y) Frangestan: Tschirkassien.

z) »*Bismilla!*« – »Im Namen Gottes!« (Der Anfang aller Kapitel des Korans, eines ausgenommen, des Gebetes und der Danksagung).

aa) Eine nicht ungewöhnliche Erscheinung bei einem zornigen Muselmann. Im Jahre 1809 wurden die Bärte des Kapitan Pascha[2] bei einer diplomatischen Audienz zum Schrecken aller Dragomane[3] vor Zorn nicht weniger lebendig als bei einer Tigerkatze. Die fürchterlichen Bärte kräuselten sich, sie standen von selbst aufgerichtet, und man erwartete jeden Augenblick, dass sie auch ihre Farben verändern würden; aber endlich sanken sie wieder beruhigt herab, welches wahrscheinlich mehr Köpfe errettete, als sie Haare enthielten.

ab) Aman: Quartier; Pardon[4].

ac) »Der arge Blick«, ein in der Levante[5] gewöhnlicher Aberglaube, dessen eingebildete Wirksamkeit sich jedoch sattsam an denen äußert, welche davon ergriffen werden.

ad) Palampor: Der geblümte Schal, meistens von Personen vom Rang getragen.

ae) Der Kalpal ist die starke Kappe oder der innere Teil der Kopfbekleidung; der Schal ist um ihn gewunden und bildet den Turban.

af) Der Turban, der Pfeiler und der inschriftliche Vers verzieren die Gräber der Osmanen, im Begräbnisplatz wie in der Wildnis. In den Gebirgen geht man oft an ähnlichen Mementos[6] vorüber,

---

1 Arabischer als in Arabien.

2 Kapudan Pascha, so die korrekte Bezeichnung, war der höchste militärische Rang in der Marine des Osmanischen Reichs.

3 Ein Dragoman ist ein sprachkundiger Reiseführer und/oder Dolmetscher im Nahen Osten.

4 Vergebung, Gnade.

5 Morgenland.

6 Erinnerung an die Toten, Totengedächtnis.

und auf Nachfrage wird man belehrt, dass sie an Opfer des Aufruhrs, der Ausraubung oder der Rache erinnern.

ag) »*Allahu!*«, die Schlussworte des Rufs zum Gebet, den der Muezzin an der Außenseite des Minaretts von der höchsten Galerie herab erschallen lässt. An einem stillen Abend, wenn der Muezzin eine angenehme Stimme hat, wie dies meistens der Fall ist, ist die Wirkung weit feierlicher und schöner als die aller Glocken des Christendoms.

ah) Folgendes ist ein Teil eines Schlachtgesangs der Türken: »Ich sehe – ich sehe ein dunkeläugiges Mädchen des Paradieses! Sie weht mit einem Tuche und ruft laut: Komm! Küsse mich, denn ich liebe dich!« usw.

ai) Monkir und Netir sind die Totenrichter, von welchen der Leichnam eine kurze Prüfung und vorbereitende Einübung zur Verdammnis zu bestehen hat. Wenn die Antworten nicht entsprechen, so wird er mit einer Sense emporgerissen und mit einer glühend roten Keule niedergestampft, bis er gehörig bearbeitet ist, was mit anderen mithelfenden Prüfungen abwechselt. Das Amt dieser Engel ist kein Mußeamt; es sind ihrer nur zwei, und da die Anzahl der orthodox Verstorbenen nur in geringem Verhältnis zu allen übrigen steht, so haben ihre Hände immer vollauf zu tun.

aj) Eblis: Der orientalische Fürst der Finsternis.

ak) Der Vampir-Aberglaube ist noch allgemein in der Levante. Der ehrliche Tournefort[1] erzählt eine lange Geschichte davon, welche Southey[2] in den Anmerkungen zu Thalaba[3] für diese »Vroukolochas«, wie er sie nennt, anführt. Die romanische Benennung ist »Vardoulacho«. Ich erinnere mich einer ganzen Familie, welche, durch das Gekreisch eines Kindes erschreckt, glaubte, dass dies von einem solchen Besuch herrühren müsse. Die Griechen erwähnen dies Wort nie ohne Schauder. Ich finde, dass »Vroukolochas« die echte alte hellenische Benennung ist; wenigstens ward sie so auf Arsenius[4] angewendet, welcher nach

[1] Joseph Pitton de Tournefort (1656 bis 1708) war ein französischer Botaniker und Forschungsreisender, der von 1699 bis 1702 den Nahen Osten besuchte.

[2] Robert Southey (1774 bis 1843) war ein englischer romantischer Dichter.

[3] *Thalaba, the Destroyer* (= Thalaba, der Zerstörer) ist ein Versepos von Robert Southey aus dem Jahre 1801, worin es um einen gläubigen Muslim geht, der im Auftrag Allahs böse Zauberer besiegt.

[4] Gemeint ist vermutlich Arsenios Autoreianos, der im 13. Jahrhundert in Konstan-

Meinung der Griechen nach seinem Tod vom Teufel belebt wurde. Die Neuen jedoch bedienen sich des oben erwähnten Wortes.

al) Die Frische des Angesichts und das Triefen der Lippe von Blut sind die nie trügenden Kennzeichen eines Vampirs. Die Geschichten, welche man in Ungarn und Griechenland von diesen scheußlichen Fressern erzählt, sind sehr seltsam und einige davon höchst unglaublich beglaubigt.

am) Der Pelikan, wie ich glaube, ist der Vogel, welchen man mit dieser Benennung schmäht, weil man von ihm glaubt, dass er die Jungen mit seinem Blut nähre.

an) Dieser Aberglaube eines Vorherhörens (denn nie traf ich auf ein offenbares Vorhersehen im Orient) geriet einmal unter meine eigene Beobachtung. Auf meiner dritten Reise zum Kap Kolonna, im Frühjahr 1811, bemerkte ich, als wir den Hohlweg passierten, der von dem Flecken zwischen Keratia und Kolonna hinzieht, dass der Derwisch Tahiri abseits vom Pfad ritt und seinen Kopf wie besorgt auf die Hand stützte. – Ich ritt hin und fragte ihn. – »Wir sind in Gefahr!«, antwortete er. – »Was, Gefahr! Wir sind jetzt nicht in Albanien noch in den Straßen[1] von Ephesus[2], Messalungi[3] oder Lepanto[4]; wir sind stark genug und wohl bewaffnet, und die Koriaten[5] haben nicht den Mut, Räuber zu sein.« – »Das ist wahr, Effendi! Aber dem ungeachtet klingt mir der Schuss in den Ohren.« – »Der Schuss? Nicht eine Topheike wurde diesen Morgen abgefeuert.« – »Aber ich höre ihn doch. – Bum! Bum! – So deutlich, wie ich Eure Stimme höre.« – »Pah!« – »Wie es Euch gefällt, Effendi! Ist es geschrieben, so wird es geschehen.« – Ich verließ den feinhörenden Vorhersager und ritt zu Basili, seinem christlichen Landsmann, dessen Ohren, obwohl nicht im Mindesten prophetisch, keineswegs

---

tinopel und Umgebung lebte und von dem weder Geburts- noch Sterbejahr sicher bekannt sind.

1 Im Original steht »Pässen«, womit Durchgänge/Passagen gemeint sind.

2 Ephesos war eine der bedeutendsten griechischen Städte des Altertums in Kleinasien.

3 Mesolongi ist eine Stadt auf dem westgriechischen Festland und ein Symbol für den griechischen Widerstand gegen das Osmanische Reich.

4 Italienischer Name für die westgriechische Hafenstadt Nafpaktos am Golf von Korinth.

5 Bewohner des Emirats Oman bzw. der dortigen Stadt Quryāt, die von den Türken und Griechen »Koriat« geschrieben/genannt wird.

diese Nachricht vergnügte. Wir alle kamen in Kolonna an, verweilten dort einige Stunden und kehrten gemächlich zurück, mancherlei witzige Bemerkungen über den verkannten Seher machend, in mehr Sprachen als den Turmbau Babels zerstörten. Romanisch, arnautisch, türkisch, italienisch und englisch; alles wurde gebraucht zu verschiedenen Einfällen über den unglücklichen Muselmann. Während wir uns in die herrliche Aussicht betrachtend verloren, war der Derwisch bei den Säulen beschäftigt. Ich glaubte ihn in einen Altertumsforscher verwandelt und fragte ihn, ob er ein Palaokastro-Mann[1] geworden sei. »Nein«, sagte er, »aber diese Säulen sind sehr anwendbar als Standpunkt zur Verteidigung«, wozu er noch andere Bemerkungen fügte, welche wenigstens seinen eigenen Glauben an sein leidiges Vermögen des Vorherhörens bewiesen. Bei unserer Rückkehr nach Athen hörten wir von Leone, einem einige Tage nachher ans Land gesetzten Gefangenen, den beabsichtigten Angriff der Mainoten, welcher mit der Ursache, warum er nicht stattfand, in den Anmerkungen zum *Childe Harold*[2], Gesang 2, erwähnt wird. Ich war bemüht, den Mann auszufragen, und er beschrieb Kleidung, Waffen und Abzeichen der Pferde so genau, dass wir, da noch andere Umstände dazu kamen, nicht zweifeln konnten, er sei in spitzbübischer Gesellschaft und wir seien in übler Nachbarschaft gewesen. Der Derwisch galt nun sein Lebelang als Wahrsager und ich darf sagen, dass er jetzt mehr Musketen hört, als je abgefeuert werden sollen, zum großen Ergötzen der Arnauten von Berat[3] und seiner himmlischen Berge. Ich erwähne noch einen Zug von dieser gewöhnlichen Menschengattung. Im März 1811 kam ein ausgezeichnet herzhafter und tätiger Arnaute (ich glaube, der fünfzigste mit dem nämlichen Antrag), sich als Bedienter anzubieten, welches abgelehnt wurde. »Wohl, Effendi«, sprach er, »möget Ihr leben! Ihr würdet mich brauchbar

---

[1] Gemeint ist vermutlich das Dorf Paleokastro auf der griechischen Insel Samos. Es fand 1702 bei Tournefort Erwähnung und ist durch eine antike Befestigungsanlage mit einer Mauer aus riesigen unregelmäßigen Bruchsteinen archäologisch bekannt.

[2] *Childe Harold's Pilgrimage* (deutsch: *Schildknappe Harolds Pilgerfahrt*) ist eines der erfolgreichsten Werke von George Gordon Noel Byron, 6. Baron Byron (1788 bis 1824), besser bekannt als Lord Byron, und wurde in Teilen zwischen 1812 und 1818 herausgegeben. Die umfangreiche Verserzählung handelt von einem umherreisenden Müßiggänger, der Zerstreuung sucht, und trägt starke autobiografische Züge.

[3] Stadt in Albanien, auch Stadt der tausend Fenster genannt.

gefunden haben. Morgen gehe ich aus der Stadt in die Berge; im Winter kehre ich zurück; vielleicht werdet Ihr mich dann annehmen!« Der Derwisch, welcher gegenwärtig war, bemerkte, als gewöhnlich und nicht von Folgen: »Er wird indessen zu den Mephten (Räubern) stoßen«, welches buchstäblich wahr gewesen. – Werden sie nicht ausgerottet, so kommen sie im Winter herab und leben unbelästigt in irgendeiner Stadt, wo sie oft ebenso bekannt sind wie ihre Taten.

ao) Des Mönchs Predigt ist weggelassen. Es scheint, sie habe so wenig Wirkung auf den Kranken hervorgebracht, dass sie sich auch bei dem Leser nicht viel Hoffnung machen könnte. Es sei genug zu sagen, dass sie von hergebrachter Länge war (wie aus den Unterbrechungen und dem Missbehagen des Sünders zu entnehmen ist) und in dem näselnden Tone aller orthodoxen Prediger vorgetragen wurde.

ap) Symar: Leichenhemd, Leichenkleid.

aq) Der Vorfall, auf welchem sich diese Erzählung bezieht, ist keiner von den ungewöhnlichen in der Türkei. Vor wenigen Jahren beklagte sich die Gemahlin des Muchtar Pascha[1] bei dessen Vater über seines Sohnes vermeintliche Untreue; er fragte, mit wem, und sie hatte die Grausamkeit, ihm ein Verzeichnis von zwölf der schönsten Frauen in Janina[2] zu übergeben. Diese wurden ergriffen, in Säcke gebunden und in derselben Nacht in die See geworfen. Eine von den Wachen, die dabei gegenwärtig war, erzählte mir, dass keines der Opfer einen Schrei ausstieß oder ein Merkmal der Angst zeigte bei einem so plötzlichen Losreißen von allem, was wir kennen – von allem, was wir lieben. Das Schicksal Phrosinens, des schönsten dieser Opfer, ist der Gegenstand manches romanischen und arnautischen Liedes. Die Geschichte dieses Bruchstücks wurde vor mehreren Jahren als die eines jungen Venezianers erzählt und ist jetzt beinahe vergessen. Ich hörte sie zufällig von einem Kaffeehaus-Geschichtenerzähler vortragen, deren es unzählige in der Levante gibt und die ihre Geschichten entweder singen oder erzählen. Die Zusätze und Einschübe des Übersetzers werden sich von dem Übrigen durch den Mangel an orientalischer Bildlichkeit nicht unterscheiden

[1] Vermutlich ist hier Ahmet Muhtar Pascha (1768 bis 1822) gemeint, ein türkischer Statthalter.

[2] Albanischer Name der griechischen Stadt Ioannina.

lassen; und ich bedaure bloß, dass mein Gedächtnis nur so wenige Fragmente des Originals behielt.

Den Inhalt einiger Anmerkungen verdanke ich zum Teil Herbelot[1] und teils jener wahrhaft orientalischen und, wie Weber[2] sie mit Recht nennt, erhabenen Erzählung *Kaliph Vathek*[3]. Ich weiß nicht, aus welcher Quelle der Verfasser dieses einzigen Buches seine Materialien geschöpft haben mag; einige seiner Ereignisse sind in der »Bibliothèque Orientale« zu finden; aber in Richtigkeit des Kostüms, der Schönheit der Beschreibung und der Gewalt der Einbildungskraft übertrifft es weit alle europäischen Nachahmungen und trägt solche Merkmale der Originalität, dass diejenigen, welche den Orient besuchten, schwer glauben werden, dass es mehr als eine Übersetzung sei. Als orientalische Erzählung muss auch *Rasselas*[4] sich vor ihm beugen; sein *Glückliches Tal* hält keinen Vergleich aus mit *Eblis' Halle*[5]«.

[1] Barthélemy d'Herbelot de Molainville (1625 bis 1695), französischer Orientalist und Verfasser der »Bibliothèque Orientale«(vollständiger Titel: *Bibliothèque orientale* ou *Dictionnaire universel contenant tout ce qui regarde la Connoissance des peuples de l'Orient*).

[2] Tatsächlich könnte hier der deutsche Komponist Carl Maria von Weber (1786 bis 1826) gemeint sein. Er war seinerzeit in London zugange, sehr berühmt und kannte spätestens durch James Planché (1796 bis 1880), seinen Librettisten für die Oper »Oberon«, das Hauptwerk Herbelots.

[3] Ein Schauerroman von Willliam Beckford (1760 bis 1844) aus dem Jahre 1782 über einen arabischen Kalifen namens Vathek.

[4] Ein politisch-lehrhafter Roman von Samuel Johnson (1709 bis 1784) aus dem Jahre 1759 über einen abessinischen Prinzen namens Rasselas.

[5] Wundervolle, zentrale Handlungsorte in den erwähnten Werken.

Lord Byron (?)

Die Ruine

Hierher will ich Hass und Liebe flüchten,
Wo Vernichtung ihre Mahlzeit hält,
Wo der Felsenberg die dunklen Fichten
Trotzig unter Donnerwolken stellt.
Seid willkommen, Trümmer! Hier verstummen
Freud und Schmerz; der Frohsinn atmet schwer.
Fern nur, wie der Himmel Abendsummen,
Tönt das laute Wort des Lebens her.

Fern von jeder menschlichen Gemeinde
Bau' ich hier ein melancholisch Haus,
Denn die Menschen heiß' ich meine Feinde;
Sie zerpflückten meiner Freuden Strauß.
Eilt hinweg, ihr wilden Phantasien,
Folgt mir nicht in meinen Zufluchtsort,
Wo nur Bilsenkraut und Disteln blühen,
Wo nur Löwenmaul am Felsen dorrt.

Flieht hinweg mit eurem Kussgeflüster,
Weg mit Rosen und mit Veilchenduft.
Doch willkommen, naht ihr ernst und düster,
Bringt ihr Mord mit euch und Totenluft.
Seid willkommen, bringt ihr Wut und Rache
Und Verrat und gift'ge Dolche mit;
Dann willkommen unter meinem Dache!
Froh vernehm' ich euren blut'gen Tritt.

Lasst euch hier an meiner Seite nieder;
Wiegt euch auf der eingesunk'nen Gruft,
Und dann gurgelt eure Sterbelieder
Dort hinunter in die Eulenkluft.
Nie gestört von hier begrab'nen Rittern
Soll der Flügel, der sonst Nachtluft schlägt,

Scheu dem Sonnenstrahl entgegen zittern,
Welcher solchen Gast nur ungern trägt.

Eulen, mit euch will ich Freundschaft schließen.
Eure Nacht sei mir ein Liebeszelt.
Schwört nur denen, welche mich verstießen,
Schwört nur Hass mit mir der ganzen Welt.
Fliegt hinab nach jedem Abendrote
In das Tal und ächzet euer Lied;
Euer Lied ist dort ein Todesbote,
Wo der Mensch euch zagend flattern sieht.

Horch! Im halb verfallenen Kamine
Pfeift der Sturmwind ein Gespensterlied.
Wohnt ein Geistervolk in der Ruine?
Ist es Nebel, was am Walde zieht? –
Geister! Geister, zeigt euch meinem Blicke
Und enthüllt mir euer Angesicht.
Baut in euer Land mir eine Brücke,
Nennt mich Bruder! Nein, ich zittre nicht.

Wohnen will ich mit euch in den Höhlen,
Mit euch schweben durch den Mondenschein,
Wie ein Vampir nachts die Menschen quälen,
Mit euch tanzen um den Rabenstein.
Hüllen will ich mich in eure Schleier,
Von euch lernen schaurigen Gesang.
Hier am Stein zerschlag ich meine Leier
Und verfluche jeden frohen Klang.

John Keats

La Belle Dame sans Merci[1]

Was fehlt dir doch, du armer Wicht,
Was schweifst du einsam bleich umher?
Das Schilf ist längst schon welk, es singt
Kein Vöglein mehr.

Was fehlt dir doch, du armer Wicht;
Was bist du so verhärmt und krank?
Des Eichhorns Speicher ist gefüllt.
Die Ähre sank.

Eine Lilie blüht auf deiner Stirn,
Betaut von Fieber, Not und Qual,
Die Rosen deiner Wangen sind
Verwelkt und fahl.

»Ein Fräulein traf im Hag ich an.
War schön, wie nur ein Feenbild,
Ihr Haar war lang, ihr Schritt war leicht,
Ihr Blick war wild.

Ich hob sie auf mein schreitend Ross,
Und seitwärts lehnte sie und sang;
Nun sah ich nichts als sie im Tag –
Viel Stunden lang.

Ich flocht ihr einen Kranz aufs Haupt
Und duftigen Kranz um Brust und Arm,
Sie dankte mir mit Blick und Wort
So süß und warm.

[1] Französisch: Die schöne Dame ohne Gnade.

Sie suchte saftiges Wurzelwerk,
Wildhonig, Manna-Tau für mich,
Und sagte mir in fremdem Laut:
›Ich liebe dich.‹

Sie nahm mich in ihr Grottenschloss
Und sah mich an und seufzte tief.
Ich küsste ihr die Augen zu,
Sie lag und schlief.

Dort schlief auch ich im Moose ein,
Da träumte mir ein Traum so bang.
Der letzte Traum, den ich geträumt
Am Hügelhang.

Sah Könige, Fürsten, Ritter steh'n –
So bleich, wie Tod nur bleich sein kann –
Sie schrien: ›*La belle dame sans merci*‹
Hat dich im Bann!

Aus klaffend offnem Totenmund
Der schauerliche Warnruf drang.
Ich wachte auf und fand mich hier
Am Hügelhang.

Und darum irr' ich einsam hier
Und bleich im welken Schilf umher.
Obgleich ich weiß, es singt schon längst
Kein Vöglein mehr.«

John Keats

Lamia

Erster Teil

Vorzeiten, ehe noch die Feenbrut
Satyrn[1] und Nymphen[2] trieb aus Waldeshut,
Eh König Oberon[3] mit Krongeschmeide
Und Zepter und betautem Blütenkleide
Die Faune[4] und Dryaden[5] ganz vertrieb,
Dass ihnen nicht ein Binsensaal mehr blieb,
Kein Dornendickicht und kein lichter Hain,
Kein Wiesengrund mit gelben Blümelein,
Floh Hermes[6], neu entbrannt, den gold'nen Thron
Und stahl sich fort um süßer Liebe Lohn.
Den Wolken Jupiters[7] nahm er das Licht
Zur Erdenseite fort, damit ihn nicht
Sein hoher Mahner auf der Flucht entdecke,
Und flog dann hin zu dunkler Waldesstrecke
Auf Kretas Inselufer, denn hier war
Ein Nymphlein, dem die ganze Satyrschar
Ergeben kniete; sehnende Tritonen[8]
Versuchten, ihre Schönheit zu belohnen
Mit Perlen, die sie ihr zu Füßen legten.
Ganz nah den Quellenbächen, grün umhegten,

---

1 Dämonische Mischwesen aus Mensch und Ziege im Gefolge des Dionysos, dem Gott des Weins, der Ekstase, der Freude, der Fruchtbarkeit, der Trauben und des Wahnsinns in der griechischen Mythologie.
2 Weibliche Naturgeister der griechischen Mythologie.
3 Elfenkönig.
4 Römische Entsprechung der Satyrn.
5 Baumgeister der griechischen Mythologie, Nymphen der Bäume.
6 Götterbote in der griechischen Mythologie, außerdem der Gott der Diebe, der Redekunst und der Magie sowie Schutzgott des Verkehrs der Kaufleute, der Reisenden und Hirten und einiges mehr.
7 Römische Entsprechung des Göttervater Zeus aus der griechischen Mythologie.
8 Bezeichnet in der Einzahl einen Meeresgott der griechischen Mythologie, in der Mehrzahl sind Mischwesen mit menschlichem Oberkörper und fischartigem Unterleib gemeint.

Die Bad ihr gaben, und auf jenen Matten,
Die oft schon ihren Schritt getragen hatten,
War manche reiche Gabe ausgestreut,
Den Musen[1] fremd – doch Fantasie gebeut,
Aus ihrem reichen Born nur auszuwählen.
Ach, so viel Liebe lässt sich gar nicht zählen!
So dachte Hermes, und ein himmlisch Glüh'n
Durchflog von den beschwingten Sohlen ihn
Bis aufwärts zu den Ohren – sonst so weiß
Wie klare Lilien, jetzt wie Rosen heiß,
Um die sich dicht die gold'nen Locken ballten
Und ringelnd tief auf nackte Schultern wallten.
Er flog von Tal zu Tal, von Wald zu Wald
Und gönnte keinen Atemzug sich Halt,
Kaum dass die Blumen sein Erglühen fühlten.
An Flüssen hin, die ihre Ufer kühlten,
Flog er, der Nymphe Lager zu erspäh'n:
Doch nirgends konnte er die Süße seh'n.
So hielt er an verlass'ner Stelle Rast,
Gedankenvoll, von Eifersucht erfasst
Auf jeden Waldgott, ja auf jeden Baum.
Da hört er eine Stimme wie aus Traum;
So sanfte Stimme, die wohl mildem Herzen
All Leiden fortnimmt, bis auf Mitleidschmerzen.
»Wann werd' ich diesem Ringelgrab entsteigen,
Wann mich in süßem Leib dem Leben zeigen,
Der Liebe und der Lust und rotem Streit
Von Herz und Mund? O Arme, ich, in Leid!«
Der taubenfüßige Gott glitt schweigend fort
Um Busch und Baum, sacht streifte hier und dort
Sein Fuß das Gras und voll erblühte Kraut,
Bis er im Dickicht eine Schlange schaut,
Die, kreisgerollt, wie Glanz im Düster bebt,
Gordischer Knoten, blendend und belebt.

Zinnober, golden, grün und blau gefleckt,
Mit Kreisen wie ein Leopard bedeckt,

1 Schutzgöttinnen der Künste in der griechischen Mythologie.

Mit Zebrastreifen und mit Pfauenaugen
Und Silbermonden, die beim Atemsaugen
Zerflossen oder strahlender erglänzten,
Mit sanftem Schein den bunter'n Schmuck umkränzten.
So regenbogenstrahlend lag sie dort,
Wie schmachverflucht durch Zorn und Zauberwort,
Nein, selber schien ein Dämon sie zu sein.
Ihr Haupt umgab ein bleicher Feuerschein,
Von Sternglanz hell, Ariadnes[1] Tiara[2] gleich,
Ihr Haupt war Schlange, doch – wie wunderreich
Und bitter süß! – Sie hatte Weibesmund
Mit schimmerschönem vollem Perlenrund.
Und ihre Augen! Konnten solche Augen
Zu andrem als zu heißem Weinen taugen,
Weil sie, so schön, für solchen Leib bestimmt?
Klagt doch Proserpina[3] noch heut ergrimmt
Um ihr Sizilien und um seine Pracht.
Ihr Hals war Schlangenhals, doch lind und sacht
Wie Honig flossen ihre Worte hin,
Und Liebessehnen schenkte ihnen Sinn.
Und Hermes lag, die Schwingen vorgeneigt,
Dem Falken gleich, wenn sich die Beute zeigt.

»O schöner Hermes, holder Himmelsglanz,
Umragt, bekrönt von lichtem Schwingenkranz,
Ich träumte diese letzte Nacht von dir:
Auf gold'nem Throne sah ich dich vor mir,
Hoch im Olymp[4], im frohen Götterkreise.
Nur du warst traurig, taub der sanften Weise
Des Lautenspiels der Musen, taub sogar

---

[1] Tochter des Sonnengottes Helios in der griechischen Mythologie; half dem Helden Theseus mittels eines Fadens, dem Labyrinth des Minotaurus zu entkommen, und wurde auf Kreta und einigen anderen griechischen Inseln auch als Fruchtbarkeitsgöttin verehrt.

[2] Krone.

[3] Römische Entsprechung von Persephone aus der griechischen Mythologie; Göttin der Unterwelt und Gemahlin von Hades, dem Gott der Unterwelt, der sie einst von ihrer Insel Sizilien entführte.

[4] Sitz der Götter in der griechischen Mythologie, das höchstes Bergmassiv Griechenlands.

Apollos[1] Sang, so süß und weh er war.
Mir träumt', ich sah dich funkenübersprüht
Durch Wolken brechen, hell wie Morgen glüht,
Und dann verliebt wie Phöbus' Pfeil[2] so schnell
Nach Kreta eilen – und du bist zur Stell!
Zu sanfter Hermes, fandest du die Maid?«
Da gab der Stern der Lethe[3] so Bescheid:
»Du Schlange mit dem süßen Frauenmund,
Himmlischer Weisheit bist du sicher kund!
Du prächtiger Kranz mit schwermutvollem Blick,
Dein sei das allerseligste Geschick,
Nur sage mir, wo meine Nymphe ruht,
Wohin sie floh?« »O Gott, du redest gut«,
Die Schlange sprach, »doch gib des Schwures Siegel!«
»Ich schwöre«, sagte Hermes, »bei dem Spiegel,
Der deine Augen sind, bei deinem Glanz,
Bei meinem Stab und seinem Schlangenkranz!«
Die ernsten Worte floh'n ihm leicht vom Munde
Und glitten sanft in blütenbunte Runde.
Und wieder drauf das schöne Weib und Tier:
»Zu schwach dein Herz! Denn höre nun von mir:
Die Nymphe gleitet unsichtbar wie Luft
Hier durch die Wildnis, frei wie zarter Duft
Genießt sie ungesehen ihre Tage,
Kaum dass ihr flüchtiger Fuß das Gras im Hage
Und zarte Blumen streift. Von schweren Zweigen,
Gebog'nen Ranken, die sich lastvoll neigen,
Pflückt sie ganz ungeseh'n die süße Frucht,
Sie badet ungeseh'n in Bach und Bucht,
Und meine Macht ist's, die die Schöne hütet,
Dass dreiste Gier umsonst in Blicken wütet
Und Faune und triefäugiger Silen[4]

---

1 Gott des Lichts, der Künste (u. a. des Gesangs), der Heilung u. v. m. in der griechischen und römischen Mythologie.

2 Eigentlich Phoibos, ein Beiname des Gottes Apollo; Phöbus' Pfeil meint ein Geschoss des Liebesgottes Eros (= Amor), das Apollo traf und ihn dazu brachte, sich unsterblich in die Nymphe Daphne zu verlieben.

3 Der Fluss des Vergessens in der griechischen Mythologie und einer der beiden Flüsse der Unterwelt.

4 Andere Bezeichnung für Satyr, aber auch Name des Lehrers von Dionysos.

Umsonst zu ihr in tiefen Seufzern fleh'n.
Bleich wurde die Unsterbliche vor Leid,
Um aller dieser Wilden Dreistigkeit;
Da gab ich ihr aus Mitgefühl den Rat,
Ihr Haar zu tauchen in ein Zauberbad,
Dann könne sie in Freiheit ungeseh'n
Und unbehelligt rings durchs Grüne geh'n.
Du sollst sie schauen, Hermes, du allein,
Willst du, dem Schwur getreu, mir dankbar sein.«
Da schwor[1] der Gott, verzückt, noch einen Eid.
Die Schlange fühlte tiefe Seligkeit,
Als warm und bebend seine Worte klangen,
So voll von Glut und Liebe und Verlangen.
Sie hob ihr Kirke-Haupt[2] beglückt empor
Und hauchte selig nah dem Gott ins Ohr:
»Ich war ein Weib, – lass mich noch einmal haben
Die Weibgestalt und Weibes Reiz und Gaben.
Ich liebe einen Jüngling aus Korinth[3],
Mach mich zum Weib und führ mich schnell wie Wind
Hin, wo er weilt – nun, Hermes, beug dich nieder,
Ich hauche – und du siehst die Nymphe wieder.«
Er schloss die Schwingen halb und neigte sich,
Und über seiner Brauen Bogenstrich
Ging leis ihr Atem, und sogleich erschien
Die Nymphe beiden sichtbar nah im Grün.
Es war kein Traum – doch sagt so, wenn ihr wollt;
Der Götter Traum ist Wirklichkeit, und hold
Entrollt wie ewiger Traum ihr ewiges Leben.
Ein Augenblick gab Glühen und Erbeben:
Der Nymphe Schönheit warf den Gott fast nieder;
Nun trat er hin ins Grün und blickte wieder
Zur bleichen Schlange her und regte sacht
Den Arm und übte seines Zaubers Macht.
Dann schickte er den Blick zur Nymphe hin,

[1] Im Original steht »schwur«.
[2] Kirke, heute besser bekannt als Circe bzw. Zirze, war eine mächtige Zauberin in der griechischen Mythologie.
[3] Antike griechische Stadt an der Landenge (Isthmus), welche die Halbinsel Peleponnes mit dem griechischen Festland verbindet.

Verehrung stand in Tränenschrift darin,
Und schritt zu ihr. Wie Mond erbleicht und sinkt,
Wenn hell im Ost der neue Morgen blinkt,
Verging sie vor dem Gott, versteckte sich
Und schluchzte auf und seufzte bitterlich.
Wie Blume war sie, die sich fest verschließt,
Wenn Abend seine kühlen Schatten gießt.
Doch sanft nahm er die kalt erschreckte Hand,
Bis still an seiner Glut ihr Zagen schwand;
Da hob sie ihrer Augenlider Flor,
Und wie die Blüte in den Tag hervor,
Wenn Morgen seinen Bienenschwarm ergießt,
Den süßen honigvollen Kelch erschließt,
So bot sie selig ihren Honig dar.
In grünste Waldestiefen floh das Paar
Und schien nicht irdisch Liebenden zu gleichen,
Die, krank in Sehnsucht, welken und erbleichen.

Allein gelassen fing die Schlange an,
Sich zu verwandeln; durch den Körper rann
Ihr Blut wie toll, und Schaum troff ihr vom Mund
Und machte Gras und Kräuter welk und wund;
Die Augen starrten schwer in Angst und Qual
Und glänzten auf wie überhitzter Stahl
Und gluteten in grellem Phosphorschein,
Und keine Träne kühlte ihre Pein.
Die Farben ihres Leibes schossen Flammen
Und krampften sich in Purpurschmerz zusammen;
Und tiefes sattes Gelb verwischte ganz
Der anmutvollen Silbermonde Glanz;
Wie Lava eine bunte Wiese leckt,
So war ihr Kleid von Düster überdeckt,
Die Streifen, Flecke, Monde, Sterne blichen.
Und schon nach wenig Augenblicken wichen
Die blauen, grünen, amethyst'nen Ringe;
Und all die silber-roten Schmetterlinge,
Die sie geziert, verblichen Stück für Stück,
Nichts blieb als Schmerz und Hässlichkeit zurück.
Noch glomm die Krone, doch auch sie entglitt,

Und da verschwand sie selber plötzlich mit.
Und durch die Lüfte läutete ihr Wort:
»O Lycius, lieber Lycius!« Schwebte fort
Mit hellen Nebeln, die um Höhen flogen –
Sie war aus Kretas Wäldern fortgezogen.

Wohin floh Lamia, eine Schönheit nun,
Wo wird ihr lichter Weibesleib jetzt ruh'n?
Sie floh in jenes Tal, das der betritt,
Der von Kenchreas' Ufern[1] lenkt den Schritt
Hin nach Korinth, und hielt erst rastend an,
Als sie das wilde Hügelland gewann,
Wo Bäche sich durch raue Schluchten drücken
Und jenen andern Grat mit zackigem Rücken,
Den Nebeldunst und Wolkenwulst bedeckt
Und der südwest sich bis Kleone[2] streckt.
Sie stand, wie junges Vöglein flattert, schön,
Auf grünem Hang der moosbewachs'nen Höh'n
Vor eines klaren Bächleins Spiegel da,
Entzückt, dass sie ihr Bildnis also sah,
Entronnen jener schreckensvollen Zeit.
Narzissen küssten sanft ihr Mädchenkleid.

Glück, Lycius, dir! Denn schöner war wohl nie
Ein Zöpfe flechtend Mädchen, ach, als sie,
Ein schämig Mädchen, das mit Seufzern bang
Durch blumige Wiesen schritt beim Vogelsang.
O Jungfrau, der, so schuldlos auch ihr Mund,
Doch alle tiefste Liebesweisheit kund,
Nicht eine Stunde alt, doch voll Verstehen,
Dass Lust und Leiden nah zusammengehen,
Und klug, die zarten Grenzen zu erkennen
Und eins vom andern immer wohl zu trennen,
Als habe dich Cupido[3] selbst belehrt,
Wie man mit List und Schlichen sich bewehrt –

[1] Kenchreai war einer der antiken Häfen von Korinth.
[2] Kleonai, so der korrekte Name, war eine antike griechische Stadt etwa 13 km südwestlich von Korinth.
[3] Anderer Name für den römischen Liebesgott Amor.

Und du, die lieblich lässige Schülerin,
Du hieltst voll Sehnsucht alles wohl im Sinn!

Weshalb das schöne Wesen es erwählt
Am Weg zu warten, sei euch bald erzählt;
Erst aber sei gesagt, wie sie versonnen
So manchen wundersamen Traum gesponnen,
Als sie im Schlangenleib gefangen war.
Ihr Geist war frei und sah und hörte klar,
Was sie nur hören oder sehen wollte:
Wie dort, wo grüne Wogenlocke rollte,
Die Nereide[1] über Perlenstiegen
Hinglitt, in Thetis'[2] Schattensaal zu liegen,
Wie Bacchus[3], seligen Becher in der Hand,
Traumfreudig unter harziger Pinie stand,
Und wie die Gärten Plutos[4] Schönheit tragen,
Wo Mulcibers[5] metall'ne Säulen ragen.
Und in die Städte glitt ihr Träumen auch,
Um mitzutun bei frohem Festesbrauch.
Und so, als einst ihr Traum bei Menschen weilte,
Da sah sie Lycius, der vorübereilte
Auf schwankem Wagen und zum Ziele jagte.
Wie junger Jupiter, so blühend ragte
Der Jüngling mit geruhigem Angesicht –
Da traf die Liebe sie mit Erzgewicht.
Nun wusste sie, dass heut, wenn Dämm'rung kam,
Er diesen Weg vom Strande heimwärts nahm,
Hin nach Korinth, denn Ostwind blies daher.
Und eben jetzt schob sich sein Schifflein schwer
Mit erz'nem Schnabel an der Mauer fort,
Um in Kenchreas wohlgeschütztem Port
Zu ankern; von Äginas[6] Inselland,

[1] Meeresnymphen in der griechischen Mythologie.
[2] Eine Nereide und Mutter des Helden Achilles in der griechischen Mythologie.
[3] Römische Entsprechung des griechischen Gottes Dionysos.
[4] Römische Entsprechung des griechischen Gottes Hades, dem Gott der Unterwelt.
[5] Mulciber ist ein anderer Name für den römischen Gott Vulcanus, der wiederum eine Entsprechung des griechischen Gottes Hephaistos darstellt; Gott des Feuers und der Schmiedekunst.
[6] Insel im Saronischen Golf zwischen Peleponnes und griechischem Festland, die in der griechischen Mythologie nach der Najade Aigina benannt worden war, weil

Wo hoch für Jupiter ein Tempel stand,
Kam Lycius nun zurück, vom Gott erhört,
Der, was er wünschte, gnädig ihm gewährt.
Denn irgendeine Laune fügt' es so,
Dass er die Nähe der Gefährten floh,
Ermüdet wohl von zu geschwätzigem Wort,
Und einsam ging er gen Korinth hin fort.
Gedankenlos zunächst, doch als zur Nacht
Am Himmelsdom der Abendstern erwacht,
Verstieg sein Träumen sich zu fernen Matten
Im sanften Dämmerlicht platonischer Schatten[1].
Ihn konnte Lamia näher, näher sehen,
In trübem Gleichmut dicht vorübergehen –
Sein sanfter Schritt durchfegte Moos und Grün –
Er sah sie nicht, sah nicht ihr Auge sprüh'n;
Er ging vorbei, geheimnisvolles Bild,
Sein Geist gleich ihm in Mantel eingehüllt.
Sie wandte fürstlich weiß den Hals ihm nach,
Bis sie »O hehrer Lycius!« bittend sprach.
»Du lässt mich auf dem Hügel hier allein?
O blicke Mitleid mir ins Herz hinein!«
Er tat's, verwundert nicht und nicht voll Weh,
Er sah wie Orpheus auf Eurydike[2];
So süß die Worte, die sie liebend sang,
Ihm war, er liebte sie schon sommerlang.
Sein Auge trank die Schönheit auf voll Glück,
Ließ keinen Tropfen in dem Kelch zurück,
Doch blieb verwirrend voll der Kelch – indessen
Er bang, die schuldige Ehrung zu vergessen,
Bevor sie schwände, Anbetung begann.

Zeus sie einst in Gestalt eines Adlers dorthin entführt und schließlich verführt hatte.

[1] Verweis auf das sog. Höhlengleichnis des griechischen Philosophen Platon (428/427 v. Chr. bis 348/347 v. Chr.), worin es darum geht, dass von Menschen, die in einer Höhle leben, bestimmte Dinge um sie herum nur schattenhaft wahrgenommen werden und sie diese Schatten fehlinterpretieren. Die Menschen sehen nur den Schatten, nicht dessen Ursprung, und daraus ergeben sich Irrtümer.

[2] Orpheus ist ein Dichter und Sänger der griechischen Mythologie, der in den Hades (die Unterwelt) hinabstieg, um seine an einem Schlangenbiss gestorbene Frau, die Nymphe Eurydike, zurückzuholen, was ihm jedoch nicht gelang, weil er sich kurz vor dem Ziel zu früh umwandte, wodurch er Eurydikes Rettung verwirkte.

Scheu sah ihr Blick ihn ganz in ihrem Bann.
»Allein dich lassen! Göttin, sieh mich hier,
Wie könnt' mein Aug' sich wenden je von dir!
Aus Mitleid trüge nicht dies trübe Herz. –
O bleib! Entschwebst du, bricht's in Todesschmerz.
Ob du Najade[1] auch aus fernen Flüssen,
Dir werden sie auch fern gehorchen müssen!
O bleib! Und wären grünste Wälder dein,
Den Regen trinken können sie allein!
Und wenn Plejaden[2] deine Schwestern wären,
Wird ihrer keine leiten deine Sphären?
An deiner statt harmonisch silbern scheinen?
Dein süßer Gruß, er kam so süß zu meinen
Entzückten Ohren, – schwändest du mir nun,
Das Deingedenken ließe nie mich ruh'n,
Zu einem Schatten bliche ich dahin –
Aus Mitleid, steh!« – »Und hätte ich im Sinn«,
Sprach Lamia, »länger hier im Lehm zu steh'n,
Mit wundem Schritt durch Stachelkraut zu geh'n,
Was tätest du, das so viel Reize hätte,
Dass ich darum vergäß' die Heimatstätte?
Soll ich mit dir durch Tal und Höhen streifen,
Wo Tod und Trauer ist, vorüberschweifen?
Lycius, du bist gelehrt, und weißt du nicht,
Dass eure Erdenluft zu schwer und dicht
Für zart're Seelen ist? – Ach, armer Knabe,
Welch reinere Luft bringst du als Schmeichelgabe
Verführend dar? Welch lichtere Paläste,
Für alle meine Sinne Freudenfeste,
Da hundert Wünsche dann erfüllt sich sehen?
Es kann nicht sein – leb wohl!« – Und hoch auf Zehen
Reckt sie sich auf, die Arme weit gebreitet;
Er, krank vor Ängsten, dass sie ihm entgleitet,
Sank hin in Ohnmacht, bleich in Liebesschmerz.
Sie zeigte für sein Weh kein liebend Herz,
Doch ihre Augen, die so strahlen konnten,

1 Quell- und Flussnymphe in der griechischen Mythologie.
2 Nymphen in der griechischen Mythologie, die als jungfräuliche Begleiterinnen von Artemis, der Göttin der Jagd, des Waldes, des Mondes und der Geburt, fungierten.

Noch strahlender an seinem Bild sich sonnten,
Ihr neuer Mund an seinen Lippen hing,
Das Leben, das in ihrem Netz sich fing,
Ihm neu zurückzugeben; doch erwacht,
Umfing ihn wiederum nur Angst und Nacht.
Da hub sie, die in Glück und Liebe so
Und Glanz und Schönheit überirdisch froh,
Ein Liebeslied zu singen an, so süß,
Dass jeder Stern sein flimmernd Atmen ließ
Und selig lauschte ihrem Himmelssang.
Dann wieder sprach sie Flüsterwort so bang
Und innig, wie nur die einander sagen,
Die sich allein nach vielen Trennungstagen
Beisammenseh'n und mehr denn Blicke geben;
Sie bat ihn sacht, das liebe Haupt zu heben,
Den Zweifel abzutun: Sie sei ein Weib,
Und Blut durchpulse ihren Menschenleib,
Ihr schwaches Herz sei ganz dem seinen gleich,
An Liebesseligkeit und -schmerzen reich.
Dann sprach sie ihr Verwundern aus, dass er
Sie nie gesehen in Korinth bisher,
Wo, sagte sie, ihr Leben heiter fließe,
So schön, als es mit Gold sich leben ließe;
Zwar ohne Liebe, doch in stillem Frieden,
Bis ihn zu seh'n ihr eines Tags beschieden,
Beim Venustempel im Vorübergeh'n;
Da sah sie ihn an einer Säule steh'n,
Tief in Gedanken; rings im Kreise standen
Viel Körbe voll von Blumen und Girlanden,
War's doch der Abend vor Adonis'[1] Fest.
O wie sie da die Augen zugepresst,
Sein Bild zu halten, und wie Tränen kamen
Und ihres Herzens süßen Frieden nahmen.
Und Lycius wachte auf, und staunend sah
Die Wundersame er noch immer nah
Und hörte ihren herzlich lieben Sang.
Da wich Bestürzung, und Entzücken rang

[1] Gott der Schönheit und der Vegetation in der griechischen Mythologie.

Sich ihm durchs Herz, als er ihr Wort vernahm,
Das so aus tiefster Weibesliebe kam.
Und jedes ihrer Worte lockte sacht,
Bis er zu vollstem Glücksgefühl erwacht.
Ja, mögen Dichter noch so gerne singen,
Dass Feen nur und Peris[1] Freude bringen, –
Sie alle, die in Grotte, See und Fluss
Sich bergen, schenken niemals den Genuss
Wie echtes Weib, dem alle Ahnen kamen
Aus Pyrrhas Kieseln[2] oder Adams Samen[3].
Auch Lamia hatte listig jetzt erkannt,
Dass Lycius ihr, in Ehrfurcht festgebannt,
Nicht Liebe schenken könne; also ließ
Die Göttin sie beiseite und verhieß
Ihm größ're Lust, indem sie Mensch sich nannte
Und ihn allein durch Mädchenschönheit bannte,
Die, wo sie niederwirft, auch Hoffnung spendet,
Dass alle Sehnsucht in Erfüllung endet.
Beredte Antwort gab ihr Lycius dann,
Der jedes Wort mit Seufzern heiß umspann;
Und nach Korinth hinzeigend fragte er,
Ob ihrem zarten Fuß der Weg zu schwer.
Wie kurz war der, da Lamias Zauber wachte,
Der Schritte nur aus langen Meilen machte.
Doch Lycius merkte dieses Wunder nicht:
Blind machte ihn ihr strahlend Angesicht.
Durchs Stadttor schritten sie so sacht und leis –
Er ging wie einer, der von Traum nur weiß.

Und wie des Träumers wirres Wortetasten,
So murmelte Korinth mit all dem Hasten
Belebter Straßen, rühriger Paläste,

---

[1] Ein Peri (oder Pari), Mehrzahl Paria, ist ein feenähnliches geflügeltes Fabelwesen in der persischen Mythologie und steht für alles Gute und Reine in der Welt.

[2] Pyrrha, die Tochter der Pandora, und ihr Mann Deukalion überlebten in der griechischen Mythologie als einzige Menschen der Welt eine von Zeus gesandte Sintflut. Zur Wiederbevölkerung der Erde warfen sie Steine über ihre Schulter, aus denen bei Pyrrha Frauen, bei Deukalion Männer wurden.

[3] Laut jüdischem und christlichem Glauben der allererste von Gott geschaffene Mensch, von dem alle anderen Menschen abstammen.

Durchwogter Tempel und verruchter Feste;
Wie Sturmwind nähersummt aus weiten Fernen,
So sprach Korinth hinauf zu Nacht und Sternen.
Denn Mann und Weib und Arm und Reich belebte,
Sobald der kühle Abend niederschwebte,
Die weißen Straßen, und erst jetzt erwachte
Die Plauderlust; und aus dem Dunkel sachte
Glomm Licht um Licht und warf bewegte Schatten,
Die seltsam tanzten über Marmorplatten,
In Tempelwinkel sich zusammenduckten
Und geisterhaft um Säulenschäfte zuckten.

Er barg das Antlitz tief in Mantelfalten,
Um ungeseh'n zu sein; und doch, wie krallten
Sich seine Finger fest um ihre Hand,
Als unerwartet einer nahe stand
Und näher schlürfte über den Granit,
Den seine Tracht als Philosoph verriet:
Mit scharfen Augen, grauem Lockenbart,
Das mächtige Greisenhaupt fast unbehaart.
Lycius verbarg sich tiefer, als er kam;
Es war, als ob ihm Angst den Atem nahm;
Und Lamia bebte; flüsternd fragte er:
»Geliebte, sag, was schauderst du so sehr?
Weshalb schmilzt deine Hand in Furcht dahin?«
Und Lamia sagte: »Weil ich müde bin.
Doch sage mir, wer ist der alte Mann,
Auf den ich mich nicht recht besinnen kann?
Weshalb verbargst du dich, als er uns sah?«
»'s ist Apollonius«, sagte Lycius da,
»Mein weiser Lehrer; heute Nacht doch scheint
Er wie ein Geist, der reines Glück verneint.«

Noch sprach er so, da kamen beide vor
Gedeckter Säulenhalle hohes Tor,
Wo einer Silberampel Phosphorschein
Auf Stufen schwamm von reinstem Marmorstein
Wie mild ein Stern im Wasser; denn die Farbe
Des Steines war so ohne Fleck und Narbe,

Und wie durch Wasser rannen dunkle Adern
Durch den kristall'nen Schliff der Marmorquadern:
Für Götterfuß gefügt! Aus Angeln klangen
Äolische Töne[1], als die Flügel sprangen
Und Raum enthüllten, den noch keiner fand –
Auf Zeitlang diesen beiden nur bekannt
Und einer fremden persischen Dienerschar:
Man sah sie auf den Märkten jenes Jahr;
Wo wohnten sie? Die Neugier ward betrogen,
Die ihren Spuren heimlich nachgezogen.
Der fledermausbeschwingte Vers allein
Muss – selbst im später'n Leid – wahrhaftig sein,
Wenngleich es manchem Herz wohl mehr gefiel,
Man ließ die rohe Welt hier aus dem Spiel.

Zweiter Teil

Asche und Staub ist – Liebe, o vergib –
In karger Siedlerhütte alle Lieb',
Im Schlosse mag sie wohl noch schwerer lasten –
Qualvoller noch als Eremitenfasten.
Dies ist ein Stückchen aus dem Märchenland,
Unfassbar für gewöhnlichen Verstand.
Hätt' Lycius selbst erzählt, was er erlebt,
Stirnrunzelnd hätte die Moral gebebt;
Zu kurz doch war ihr Glück, um Niedertracht
Zu brüten, die die Stimme zischen macht;
Auch rauschte schreckhaft nachts mit Feuerflügel
Die Liebe wachend um der Türe Riegel,
Voll Eifersucht auf so vollkomm'nes Paar,
Das mehr als alle ihrer würdig war.

Dies alles musste enden. Seit' an Seit'
Auf liebem Lager um die Abendzeit,

[1] Gemeint ist ein Klang, der wie von einer Äolsharfe stammt, die auch Windharfe genannt wird. Das ist ein Saiteninstrument, dessen Saiten allein durch strömende Luft zum Klingen gebracht werden. Der Name leitet sich von Aiolos ab, dem Gott der Winde in der griechischen Mythologie.

Dem Vorhang nah, der luftig leicht, gewebt
Von gold'ner Schnur, herab ins Zimmer schwebt
Und halb geöffnet Sommerhimmelpracht
Zwischen zwei Säulen leuchtend sichtbar macht –
So ruhten sie, wie oft, in Glück und Hoffen,
Die Lider zu – doch schmalen Spalt noch offen,
Durch den die Liebe, immerwährend nah,
Bis in den Traum hinein den andern sah.
Da tönt vom Wall der Vorstadt plötzlich schrill
Trompetenschall – die Schwalben schweigen still –
Lycius fährt auf – die Klänge sind verrauscht.
Doch tönt es in ihm fort – er sinnt und lauscht:
Zum ersten Mal, seit er im Schlosse thront,
Wo süße Sünde Tag und Nacht ihn lohnt,
Entfloh sein Geist, den keine Grenze hält,
Hinweg in fast vergess'ne laute Welt.
Doch sie, die immer sorgend wachsam war,
Sah dies mit Schmerz; sie ahnte die Gefahr,
Dass eine Macht, der ihren überlegen,
Ihn rufe – fort aus ihren Lustgehegen.
Und sie begann zu seufzen und zu klagen.
Sie wusste, leicht ist Liebe zu verjagen,
Ist oft so kurz wie einer Glocke Schlag.
»Was seufzest du?«, sprach er, der bei ihr lag.
»Was grübelst du?«, gab zärtlich sie zurück.
»Du nahmst mich fort aus meinem stillen Glück –
Wo bin ich nun? In deinem Herzen nicht,
Da Trauer deine Braue düster flicht.
Nein, nein! Du bist mir fern, und ich entgleite
Von deiner Brust in heimatlose Weite.«
Er beugte sich zu ihren Augen nieder,
Sie spiegelten sein Bild getreulich wider:
»Mein Silberstern von Abend und von Morgen,
Was brütest du so kummervolle Sorgen,
Da ich um dich versuche, meinem Herzen
Aus tief'rer Glut zu wecken tief're Schmerzen,
Um deine Seele enger noch zu binden,
Mit innigerer Fessel zu umwinden
Und sie in Labyrinthe einzuspinnen

Wie Duft in Rosenknospe – ohn' Entrinnen!
Ah, küsse mich! – Du siehst, dein Leid hat Macht.
Doch du willst wissen, was ich jetzt gedacht?
So höre! Welcher Mann tat solchen Fang,
Der andre neidisch machte, wirr und bang,
Und führte nicht mit Stolz die edle Beute
Zuweilen triumphierend vor die Leute?
Wie würde der Triumph mich doch beglücken,
Mit deiner jungen Schönheit mich zu schmücken
Und Freunde jubeln, Feinde fluchen lassen,
Wenn durch Korinths durchlärmte heisere Gassen
Dein Brautgefährt die blinken Speichen dreht.« –
Wie wird ihr Antlitz bleich, als sie versteht!
Sie bebt, erhebt sich, wankt und sinkt ins Knie
Und sagt kein Wort – doch ach, wie weinte sie!
Bis ihre Angst dann endlich Sprache fand
Und sie beschwörend presste seine Hand,
Ihn umzustimmen; doch nur mehr und mehr
Verstärkt ihr scheues Bangen sein Begehr.
Und überdies – trotz Liebe – fand sein Herz
Ein seltsam Wohlgefühl an ihrem Schmerz,
An dieses Weibes demutvollem Bild;
Und seine Leidenschaft ward heiß und wild,
Blutdürstig fast – soweit dies ihm gegeben,
Dem Wut und Raserei noch fern im Leben.
Wie schön war sein verhalt'nes Zürnen, gleich
Apollos Glut, bevor sein nerviger Streich
Die Schlange schlug. – Die Schlange! Ah, sie war
Nicht Schlange mehr – nein, aller Listen bar
Gab sie in Demut nach, den Tag zu wählen,
Sich dem Geliebten bräutlich zu vermählen.
In Mittnachtstille flüstert er ihr zu:
»Welch süßen Namen, sage, führest du?
Ich frug noch nie, denn meinem Herzen ist,
Als ob du nicht von irdischen Eltern bist,
Nein, Himmelstochter! Sag, wie nennt man dich?
Hast du auf Erden Eltern, Freunde – sprich,
Zu teilen unser hochzeitliches Fest?« –
»Nicht einen Freund«, sagt Lamia da geprasst;

»Korinth, das große, weiß von mir wohl kaum.
Der Eltern Staub füllt nur noch kleinsten Raum
In dunkler Urne, und kein Opferrauch
Verehrt den Ort nach liebevollem Brauch,
Da ihr Geschlecht verstorben bis auf mich,
Und ich vergaß die heilige Pflicht – um dich.
So bitte deine Freunde denn zu Gast –
Doch wenn du irgend Liebe für mich hast,
So halt den alten Apollonius fern,
Vor seinen Blicken hüte meinen Stern.«
Lycius, von solchem kühnen Wort betroffen,
Frug nach dem Grund; vergebens doch sein Hoffen,
Sie täuschte Schlummer vor, bis bald die Schatten
Des Schlafs ihn selber eingefangen hatten.

Die Sitte forderte, dass man die Braut,
Wenn sanfte Abendröte niederschaut,
Mit prächtigem Wagen ihrem Heim entführte;
Und viel Gepränge solchem Zug gebührte,
Wie Fackellicht und Liedes Süßigkeit –
Dies fremde Weib doch hatte kein Geleit.
So harrte sie, indessen Lycius eilte,
Den Kreis zu sammeln, der die Freude teilte.
Und da sie wusste, dass wohl nimmermehr
Sein töricht Herz entsagte dem Begehr,
Die Hochzeit laut und pomphaft zu begehen,
So wollte denn auch sie das Fest versehen
Mit allem, was ihr zu Gebote stand.
Doch was für Kräfte sie dazu verwandt,
Woher sie kamen, die ihr Hilfe brachten
Und Tagesarbeit in Minuten machten –
Das weiß man nicht. Es war, als rauschten Schwingen
Durch Tor und Hallen, alles zu vollbringen.
Der Festsaal schimmerte in lichter Pracht,
Und Festmusik durchtönte lind und sacht
Das weite Haus mit selt'nem Weh und Klagen,
Als habe sie das Zauberdach zu tragen
Und fürchte, alles könne plötzlich schwinden.
Und stolze Zedern, die von Laubgewinden

Viel Schnitzwerk trugen, stellten Feigenbaum
Und Palme dar und reihten durch den Raum
Sich aneinander bis zu jener Stelle,
Wo hoch der Brautsitz stand in Strahlenhelle;
Denn reihenweis durchfloss ein breiter Strom
Von Lampenlicht des Saals gewaltigen Dom.
So überwölbt lag reich ein wartend Mahl
Und schickte dampfend Düfte in den Saal;
Und Lamia schritt in fürstlichem Gewand –
Und wie sie schweigend ging und stille stand
In blasser Ruh', die ihre Unruh' deckte,
Trieb sie die Geisterschar, die wohlversteckte,
Zu immer neuem Überschwange an,
Bis jeden Winkel Pracht und Prunk umspann.
Die Wände waren breite Marmorplatten,
Die Jaspistäfelung zum Schmucke hatten,
Und hingemaltes zartes Baumgerank
Stand zwischen breiten Zedern licht und schlank.
Sie sah zufrieden hin; dann glitt sie fort,
Entschwebte und verschloss den Feierort,
Der fertig und bereit zum wilden Feste
Der ihr so unwillkomm'nen lauten Gäste.

Die Stunde kam. O unbedachter Mann,
Was zogst du diesen rohen Schwarm heran!
Was musstest du dein süß verschwieg'nes Fest,
Der Liebestunden warm gebettet Nest,
Der andachtlosen Neugier so entdecken!
Die Menge nahte, und mit Hälserecken
Bestaunten sie das Tor und traten näher.
O Wunder, Wunder hier für jeden Späher!
Von Kind auf hatten sie den Ort gekannt,
Auf dem jetzt plötzlich solche Pforte stand
Zu stattlich hohem, fürstlich stolzem Haus.
Da eilte Neugier jedem Schritt voraus
Und trieb sie an und machte alle kühn.
Nur einer war, der ernst und düster schien
Und würdig und gedankenvoll sich nahte.
Ihm war, als ob er ein Problem errate,

Als löse sich ein Rätsel, das schon sehr
Den Geist ihm fesselte, nun mehr und mehr
Und schwinde hin und werde sonnenklar –
Wie listig klug doch Apollonius war!

Im Vorraum bei den Gästen traf er bald
Den jungen Schüler. »Lycius«, sprach er kalt,
»Verzeih, dass in dem Schwarm der jüngern Gäste
Ich ungebeten nahe deinem Feste,
Und dennoch muss ich dieses Unrecht tun.«
Lycius ward rot vor Scham und führte nun
Den Alten durch weit off'ne inn're Pforten.
Er war verwirrt und suchte sehr nach Worten,
Um mit geziemender Ergebenheit
Zu mildern des Gelehrten Dreistigkeit.

Der Festsaal war von reichem Prunk erfüllt,
In grellen Glanz und schweren Duft gehüllt;
Vor jedem Lager licht ein Becken stand,
Myrrhen und Würzholz[1] füllten's bis zum Rand,
Von schlank geschweiftem Dreifuß hochgehalten
Hob jedes sich aus weichen Teppichfalten:
Aus fünfzig Räucherbecken wob ein Flor
Von fünfzig Rauchgewinden sacht empor,
Und rings in Spiegelwänden sah man Reigen
Von Zwillingswölkchen mit zum Dache steigen.
Zwölf hohe runde Tische hoben sich
Auf Leopardentatzen wunderlich
Und trugen schwer, wie Erntefeld an Korn,
Das Goldgerät und Frucht aus Ceres' Horn[2],
Ein Strom von Wein stand dort zum Trunk bereit.
Aus düst'rer Tonne jetzt ans Licht befreit.

[1] Das Harz des Myrrhenstrauches *(Commiphora myrrha)* erzeugt bei Verbrennung einen betäubenden Duft und wird seit Jahrtausenden zusammen mit verschiedenen wohlriechenden Hölzern, wie beispielsweise dem Holz des Sandelholzbaums (Santalum album), unter anderem als Rauchwerk benutzt.

[2] Gemeint ist das Füllhorn von Ceres, der römischen Göttin der Fruchtbarkeit und des Ackerbaus, die eine Entsprechung von Demeter aus der griechischen Mythologie darstellt.

Und jedes Tisches Gold und Mahl und Wein
Schloss mitten eines Gottes Bildnis ein.

Nachdem ein jeder Gast den Schwamm gefühlt,
Mit dem ihm Sklaven Hand und Fuß gekühlt,
Und jedes Haupt nach feierlicher Art
Mit duftigen Ölen übergossen ward,
Betraten sie in weißem Kleid den Saal
Und legten sich zum auserles'nen Mahl
Aufs seid'ne Lager, und mit leisem Raunen
Gab Ausdruck man dem übermäßigen Staunen.

Sanft goss Musik die lieblich leisen Wellen,
Sanft war der Griechensprache klangvoll Schwellen,
Solang der Wein noch nicht in Strömen rauschte
Und man befangen Frag' und Antwort tauschte.
Doch als der frohe Saft das Hirn erwärmte,
Ward kühner man und jubelte und lärmte
Zum mächtigeren Freudeschall der Töne.
Die prächtigen Stoffe, Farben – all das Schöne:
Des hochgespannten Saales stolzer Raum,
Die edlen Sklaven – Lamia schön wie Traum –
Dies alles schien nicht mehr so wunderbar,
Nun man vom süßen Weine trunken war;
Denn nicht zu schön und nicht zu göttlich dünkt
Dem das Elysium[1], der begeistert trinkt.
Bald steht Gott Bacchus leuchtend im Zenit,
Und jede Wange, jedes Auge glüht.
Man brachte Kränze von jedwedem Grün,
Drein jeder süße Duft geflochten schien
Beraubter Täler, Höh'n und sanfter Hänge.
Aus breiten Körben quoll die bunte Menge,
Um gold'ne Henkel selbst hing grüne Last,
Dass nach Geschmack sich kröne jeder Gast,

[1] Das Elysion (lateinisch Elysium), auch die Elysischen Gärten genannt, ist in der griechischen Mythologie das, was gemeinhin als Paradies bezeichnet wird, wohin die Seelen guter, von den Göttern geliebter Erdenmenschen nach ihrem Tot entschwinden.

Das Haupt bekränze mit erwähltem Grün,
Das seinem Wesen anzustehen schien.

Für Lamia welchen Kranz? Für Lycius dann?
Und welcher steht dem Apollonius an?
Des Weibes wehe Stirne sei umschlungen
Von schlankem Weidenzweig und Natterzungen,
Und für den Jüngling soll die Rebe sein,
Dass seiner Augen allzu wacher Schein
Hintauche in Vergessen; und des Alten
Gehässige Stirn soll Speergras[1] scharf umfallen
Und kriegerische Distel stechend drücken;
Denn flieht nicht aller Zauber vor den Tücken
Nüchterner Denkungsart? Da war einmal
Ein Regenbogen hehr am Himmelssaal:
Jetzt kennt man sein Gewebe, seinen Bau,
Die Wissenschaft erklärte ihn genau
Und rubrizierte[2] ihn wie andre Dinge.
Philosophie wirft ihre kecke Schlinge
Um Engelsschwingen und um Zauberpracht
In Luft und Bergesschoß und Meeresnacht,
Zerreißt die Wunder, wie sie auch erzwang
Der zarten Lamia Not und Untergang.

Wie ragend sie bei ihrem Lycius saß,
Der alles andre tief verzückt vergaß,
Bis er gewaltsam sich dem Traum entwand,
Den Becher nahm, der perlend vor ihm stand,
Und weit den heißen Blick hinüberschickte –
Ob nicht sein alter Lehrer freundlich blickte.
Der Philosoph und Kahlkopf aber starrte
Zur schönen Braut, die regungslos verharrte.
Mit Brauenrunzeln blickte er sie an,
Zwang ihren süßen Stolz in seinen Bann.
Lycius nahm ihre Hand und hielt sie fest.
Die lag so bleich aufs Lager eingepresst

[1] Eine Vielzahl von Gräsern mit scharfen steifen Klingen und/oder Samen wird als Speergras bezeichnet.
[2] Bezeichnen.

Und war so kalt, dass es sein eigen Blut
Durchschauerte, – dann wieder so voll Glut,
Dass heiße Woge ihm zum Herzen schoss,
Darein sie Angst und tiefes Grauen goss.
»Lamia, was soll das? Sag, was ficht dich an?
O gib mir Antwort: Kennst du jenen Mann?«
Arm Lamia sagte nichts. Er spähte tief
Ins Auge ihr, ob nicht ein Blick ihn rief.
Doch nichts verriet ein Grüßen und Erkennen –
Umsonst sein Blick, sein sehnendes Entbrennen!
»Lamia!«, so schrie er auf. Doch sie blieb stumm,
Und stumm ward auch die Gästeschar ringsum.
Das Jauchzen der Musik verstummte ganz,
Und Myrte[1] welkte in jedwedem Kranz,
Und Stimme, Flöte und Vergnügen schwand,
Bis Totenstille schwer im Saale stand;
Gespenstisch schien sie, wild und wahrnehmbar
Und setzte Schrecken jedem Mann ins Haar.
»Lamia!«, so kreischte er, und nur sein Ruf
Im toten Schweigen sich ein Echo schuf.
»Hinweg, du Traum!«, so schrie er angstvoll laut
Und spähte neu ins Antlitz seiner Braut,
Wo keine blaue Ader mehr belebte
Die edle Schläfe, und kein Rot erbebte
Auf zarter Wange; keine Leidenschaft
Verlieh dem fernen Blick Gefühl und Kraft:
Und nicht mehr schön und jung und liebereich
Saß Lamia da – erstarrt und totenbleich.
»Schließ, schließ die Augen, unbarmherziger Mann!
Blick fort, du Unhold! Sonst soll dich der Bann
Der Götter treffen, deren Zorn entsiegelt
Sich schattenhaft in diesen Bildern spiegelt;
Dein Auge soll ihr scharfer Zorn durchstechen,
Den frechen Blick in Schmerz und Blindheit brechen,
Dass du in Zittern und in ewigem Bangen
In Reue und Gewissensnot gefangen

[1] Die Zweige der Myrte *(Myrtus communis)* sind ein Symbol für Jungfräulichkeit, Lebenskraft, viele gesunde Kinder und eine über den Tod hinausgehende Liebe. Daher kommt die Myrte vor allem bei Hochzeiten zum Einsatz.

Vor ihnen fliehst, die du so schwer verletzt,
Da du dich frevelnd über sie gesetzt.
Korinther! Seht ihr den graubärtigen Wicht
Und die Besessenheit, die aus ihm spricht
Und seine wimperlosen Lider weitet
Und wie ein Dämon seine Blicke reitet?
Korinther, seht, wie meiner süßen Braut
So namenlos vor seinen Blicken graut!«
»Narr!«, sagte der Sophist[1] in leisem Ton.
Die Stimme bebte in zufried'nem Hohn. –
Von Lycius nur ein banger Seufzer kam,
Der seinen letzten Lebensatem nahm.
Er stürzte nieder mit gebroch'nem Herzen,
An seiner Seite kämpften Lamias Schmerzen.
»Narr, Narr!«, rief jener, während seine Augen
Noch immer reglos an den ihren saugen,
»Vor allem Übel schützt' ich dich bis heute –
Und ließe einer Schlange dich zur Beute?«
Da atmet Lamia Tod; der Blick des Weisen
Durchbohrte grausam sie wie scharfes Eisen.
Sie bat ihn, still zu sein, so gut die Hand
Noch schwach die Bitte kundzutun verstand.
Umsonst; er blickte, blickte wieder – nein!
Und nochmals: »Einer Schlange!« – Gelles Schrei'n –
Und sie verschwand, und niemand sah sie mehr.
Und Lycius' Arm war von Entzücken leer,
Leer wie sein Leib von Leben. Stumm und kühl
Lag vor den Freunden er auf hohem Pfühl[2],
Sein Puls stand still, es ging kein Atemzug –
Tot war der Leib, der Hochzeitskleider trug.

[1] Wanderlehrer in der griechischen Antike mit Kenntnissen in Theorie und Praxis; Philosoph.

[2] Kissen.

Adam Mickiewicz

Der Vampir

Still steht das Herz, schon ist die Brust erkaltet,
Das Auge trüb, die Lippe starr, die bleiche.
Noch auf der Welt, für sie nicht mehr gestaltet,
   Was ist das? Ach! – Eine Leiche.

Der Hoffnung Geist verleiht ihr wieder Leben;
Umstrahlt von der Erinn'rung Sternenlichte,
Schau! Ihrer Jugend Land zurückgegeben,
   Späht sie nach trautem Gesichte.

Aufatmet neu die Brust, die schon erkaltet;
Das Auge glüht, die Lippe bebt, die bleiche.
Neu auf der Welt, doch für sie nicht gestaltet,
   Wie? Ist ein Vampir die Leiche?

Wer nah dem Kirchhof wohnt, kann nicht verhehlen,
Dass sich der Vampir lässt alljährlich wecken;
Abwälzt das Grab am Tag er aller Seelen,
   Nahet, den Menschen ein Schrecken.

Erst bei des vierten Sonntags Frühgeläute
Heimkehrt, entkräftet von der Nacht, er wieder;
Mit blut'ger Brust, als sei durchbohrt sie heute,
   Steigt in die Gruft er hernieder.

Der Vampir, Nachtmensch. – Habt ihr nichts vernommen?
Noch mancher lebt, der einst ihn mitbegraben.
In früher Jugend ist er umgekommen,
   Selbst soll entleibt er sich haben.

Jetzt mag gewiss ihn ew'ge Strafe quälen;
Ausatmet Flammen er mit Klaggeflüster;

Ihn sah und hörte – ließ ich mir erzählen –
Jüngst noch ein alternder Küster.

Entstiegen war der Vampir kaum der Erde,
Zum Morgenstern er seine Blicke wandte;
Mit kalten Lippen, jammernder Gebärde,
Aufwärts die Klag' er entsandte:

»Verwünschter Geist, was fachst aufs Neu' du immer
Im Erdenpfuhl den Funken mir des Lebens?
Erloschen kaum, was, trügerischer Schimmer,
Strahlst du mir wieder vergebens?

Oh, traurig Los, und doch – ich hab's verschuldet.
Sie wiederseh'n, erkennen – von ihr scheiden,
Alljährlich dulden, was ich einst erduldet,
Jährlich den Tod muss ich leiden!

Im Volk muss irren ich, um dich zu suchen,
Flieh'n das Asyl, das mich geschirmt seit Jahren. –
Was kümmert's mich, dass mir die Menschen fluchen? –
Lebend schon hab' ich's erfahren.

Als du mir nah, nicht durft' ich mich dir zeigen,
Wie ein Verbrecher; hören deine Worte,
Alltäglich hören musst' ich, und doch – schweigen,
Gleichwie, mein Grab, deine Pforte!

Verlacht einst ward ich von der Jugend Schwarme:
Sie nannten Torheit, Übermut mein Bangen;
Manch' Greis mich quälte, schloss mich in die Arme:
Rat sollt' ich, klugen, empfangen.

Anhört' ich ihren Rat, gleichwie ihr Lachen,
Hätt' ich doch selbst mich besser kaum betragen:
Mich selbst würd' Übermut verdrießlich machen,
Lachen auch ich würd' der Klagen.

Ein andrer dacht', ich wolle dich nur kränken,
Und seinem Adelsstolze tat ich wehe;
Doch tat – des Anstands mocht' er wohl gedenken –
Er, als ob er's nicht verstehe.

Ansprach ich ihn, zu stolz, ihn auszufragen –
Denn schweigen kann ich, wenn ich schweigen sehe –
Drum tat, wollt' ungefragt er Antwort sagen,
Ich, als ob ich's nicht verstehe.

Doch wer mir meine Sünde nicht vergeben,
Im Antlitz kaum den Hohn konnt' unterdrücken,
Und wer mir, lächelnd nur mit Widerstreben,
Mitleidig wandte den Rücken –

Nur dem vermocht' ich nimmer zu verzeihen! …
Mit Klagen nimmer ich den Mund befleckte;
Verachtung nicht einmal ihm könnt' ich weihen,
Wenn er mein Lachen erweckte.

Das fühl' ich heut, da fremder Welt erscheinen
Ich muss als Spukgestalt, die Nacht durchwandern.
Mit Teufelsbannen geißeln mich die einen,
Scheu vor mir fliehen die andern.

Mit Stolz und Mitleid quälen sie mich alle,
Wenn höhnisch lachend nicht den Blick sie senken;
Warum muss ich, der ich zu einer walle,
Schrecken sie all' oder kränken?

Doch mag es sein! Ich geh' im alten Gleise:
Mitleid durch Spott und Spott durch Mitleid büße! …
Nur du dem Vampir gnädig dich erweise:
Liebchen, wie einst mich begrüße.

Verzeih mir, sieh mich an, gib gute Kunde,
Dass einmal noch ich ganz dir angehöre;
Vergang'ner Tage Traum dir eine Stunde
Glücklicher Gegenwart störe!

Vielleicht, dass doch dein Blick, der sonnengleiche,
Sich nicht entsetzt vom Haupt des Toten wende,
Dein Ohr die Reden aus dem Totenreiche
  Höre geduldig zu Ende,

Mir folgend, wenn die flüchtigen Gedanken
Die Bilder längstvergang'ner Zeit durchirren,
Wie wenn des Schlinggewächses grüne Ranken
  Alternd Gemäuer umschwirren.« …

Arthur vom Nordstern

Geister des Simplon[1]

Aus den Erinnerungsblättern einer Herbstreise 1822

Meint ihr, es wären
diese Gebirge
nimmer von Wesen
geistiger Gattung
zahlreich bevölkert?
Glaubt mir, ihr irret!
Schärfer erschauen
Augen des Zöglings
nordischer Mythen
die ihr verwandten
Geistergebilde.
Sah'n sie doch schleichen
tief aus den Spalten
senkrecht gestellter
Schiefergebirge,
tückische Albe,
welche den Wandrer
schrecken am Tage,
quälen zur Nachtzeit.
Droben am Gipfel
schauriger Klippen –
Zuflucht der Gämsen,
Horste des Adlers –
bergen die Gnomen
sich in den Wolken,
schneegleich die kurzen
Tannen umlagernd.
Hämische Wesen,
gießen sie Ströme
über die Täler,

---

[1] Bergmassiv in den Schweizer Alpen.

über das breite
kiesige Flussbett;
grinsen im Sturmwind
grelles Gelächter,
dass sie dem Auge
forschender Fremden
schmerzlich ersehnte
Aussicht entzogen.
Einige schwärmen
nächtlich hernieder –
Irrwische, lockend
in die Versumpfung.
Dort auch gewahrt' ich
unter den schwarzen
Klippen am Abgrund
zwei blutbefleckte
fahle Vampire,
lauschend, ob etwan[1]
irgendein Unfall
an dem zerbroch'nen
Lattengeländer
oder am schmälern
sorglos verwahrten
Rande des Hochwegs
zuführt die Nahrung,
dass sie vom Leichnam
strauchelnder Wandrer
zur Mitternachtszeit
saugend sich mästen.

Aber im Vollmond
schreiten die Riesen
über des Simplon
äußerste Spitzen.
Gleiten die Fersen
an der Gerölle
dünnen Bedeckung,

[1] Vielleicht, zufälligerweise, wohl gar.

dann – und dies zeigen
senkrechte Furchen
alter Versandung –
rieseln Gesteine
nieder zum Waldstrom,
rollt der Granitblock
polternd ins Felstal,
und die Bewohner,
wenn sie gewahren
Erdfall und Windbruch,
schütteln die Häupter
still und bedenklich;
denn sie erkennen
Nähe der Geister;
denn sie bewegen
oftmals im Herzen
warnende Namen:
»Roßberg und Goldau[1]«.

Aber dess' kümmern
nicht sich die Recken,
fangen zum Imbiss
droben den Geißbock,
schlürfen, wenn dürstend,
von den zergang'nen
Zacken des Eisbergs.

Auch zwei Undinen[2]
konnt' ich gewahren;
eine der Rhone,
welche des Simplon
Auffahrt umlagert;
herrisches Antlitz!
Drohende Augen!

---

[1] Ein vom Roßberg losbrechender Bergfall verschüttete im Jahre 1306 in wenigen Minuten das Dorf Goldau und zwei anliegende Dörfer, auch einen Teil des Lowerzer Sees. *(Anm. d. Autors)*

[2] Die Geister, welche das Wasser bewohnen, Nixen. Im Original »Ondinen« geschrieben.

Kränze von Schilfgras
in dem durchnässten
grünlichen Haare!
Eine der Toccia[1],
schlanker gebildet,
bläulichen Auges,
harrte am Ausgang,
barg sich nach kurzem
irrendem Laufe
in den geliebten
Fluten des reinen
Lago Maggiore.

[1] Die Toce, so der heute gebräuchliche Name (auf Deutsch »Tosa«), ist ein Fluss im Ossolatal in Norditalien, der in den Lago Maggiore mündet.

Prosper Mérimée

Die Vampirenbraut

Lyrische Szene

Personen

Nizefor
Der Beg[1] von Mojna[2]
Ein Eremit
Der Hochzeitpate
Sofia
Chor der jungen Burschen
Chor der Swaten[3]
Chor der jungen Mädchen

1. Die jungen Burschen

Junge Burschen von Wradschina[4],
Sattelt eure schwarzen Rosse;
Sattelt eure schwarzen Rosse,
Mit gestickten Decken prangend!
Heute tragt die neuen Kleider,
Heute soll sich jeder schmücken;
Jatagans[5] mit silbernen Griffen,
Goldbeschlagene Pistolen
Sollen alle Burschen haben.
Ist der frohe Tag nicht heute,
Wo der reiche Beg von Mojna
Freit die reizende Sofia?

---

1 Herr, bei den Türken der Titel höherer Militärpersonen und der Gouverneure kleinerer Distrikte.
2 Heute nicht mehr zweifelsfrei verifizierbare Örtlichkeit in Serbien.
3 Ein Swat ist ein Ehrendiener; Swaten begleiten die Braut und gelten als deren Beschützer und Diener.
4 Heute nicht mehr zweifelsfrei verifizierbare Örtlichkeit in Serbien.
5 Kurze türkische, vorn wenig gekrümmtes Schwerter, mit Griff ohne Parierstange.

2. Nizefor

Meine Mutter! Meine Mutter!
Ist mein schwarzes Ross gesattelt?
Meine Mutter! Meine Mutter!
Meine schwarze Stute wiehert.
Gib die goldenen Pistolen,
Die erbeutet vom Bimbascha[1];
Meinen Jatagan auch gib mir,
Jenen mit dem Silbergriffe.
Höre, meine liebe Mutter!
Hier in dieser seidnen Börse
Bleiben mir noch zehn Zechinen[2]:
An die Hochzeitmusikanten
Will ich dieses Gold verschenken.
Mutter, ist der Tag nicht heute,
Wo der reiche Beg von Mojna
Freit die reizende Sofia?

3. Die Swaten

O Sofia! Nimm den Schleier!
Nimm ihn um den roten Schleier!
Denn der Zug der Reiter nahet.
Hörst du die Pistolenschüsse,
Welche dir zu Ehren fallen?

Auf, ihr muntern Sängerinnen!
Auf, und singet die Geschichte
Von dem Jowan Walatjano
Und der schönen Braut Agathe.
Auf, auch ihr, o rüstige Greise!
Lasset eure Guslen[3] tönen!

[1] Bimbaschi: »Haupt von 1000«, Kommandeur eines Bataillons; Major.
[2] Ursprüngliche Goldmünzen der Republik Venedig, die später, in geringerem Wert, auch Nachahmungen im Osmanischen Reich fanden.
[3] Lautenartige Instrumente der Serben mit gewölbtem Schallkörper, einer Membran als Resonanzboden, mit einer Rosshaarsaite bezogen.

Und nun nimm ein Sieb, Sofia;
Mit dem Siebe wirf die Nüsse[1]!
So viel Nüsse, so viel Knaben!
Hei! Der reiche Beg von Mojna
Freit die bräutliche Sofia!

4. Sofia

Geh zu meiner Rechten, Mutter!
Geh zu meiner Linken, Schwester!
Ält'rer Bruder, komm und halte,
Halte mir den Zaum des Pferdes;
Aber du, mein jüngster Bruder,
Bleibest bei des Schwanzes Riemen. –

Wer ist jener blasse Jüngling,
Der die schwarze Stute reitet?
Warum mischt er sich nicht fröhlich
In den Kreis der jungen Burschen?
Ha! Ich kenn' ihn, 's ist Nizefor.
Dass kein Unheil nur geschiehet!
Früher liebte mich Nizefor
Als der reiche Beg von Mojna.

5. Nizefor

Singt, ihr muntern Sängerinnen,
Singet, singet wie Zikaden!
Habe nur noch zehn Zechinen:
Fünf an euch, ihr Sängerinnen,
Und den Guslespielern fünfe! –
O du Beg, du Beg von Mojna!
Warum blickst du mich mit Furcht an?
Bist du nicht Sofias Bräutigam?
Hast du nicht so viel Zechinen

[1] Nüssewerfen ist ein vergessener Hochzeitsbrauch, der auf Fruchtbarkeit anspielte.

Als du weiße Haar' im Barte?
Dir nicht gelten meine Pistolen. –
Hu! Hu! Meine schwarze Stute,
Galoppier' ins Tal der Gräber!
Diesen Abend, diesen Abend
Will dir Zaum und Sattel nehmen,
Diesen Abend, diesen Abend
Wirst du herrenlos und frei sein.

6. Die jungen Mädchen

Alle Heiligen, o Sofia,
Sollen dir den Segen geben!
Alle Heiligen, Beg von Mojna,
Sollen dir den Segen geben!
Zwölf der Söhne sollt ihr haben,
Alle schön, blond, kühn und mutig.
Sonne sinkt; es harrt der Bräutigam
Unterm filzgewebten Tschardak[1]:
Darum spute dich, Sofia!
Sage Lebewohl der Mutter,
Folge deinem Hochzeitpaten!
Diesen Abend, diesen Abend
Wirst du ruh'n auf seidnen Kissen:
Bist die Braut, die hochbeglückte,
Braut des reichen Beg von Mojna.

7. Der Eremit

Wer hat hier gewagt zu schießen
Neben meiner stillen Zelle?
Wer gewagt, das Wild zu töten,
Das der heilige Chrysostom[2]
Und sein Eremit beschützen?

[1] Eine typische Holzhütte aus leichten Latten auf dem Balkan.
[2] Gemeint ist Johannes Chrysostomos, besser bekannt als Johannes von Antiochia (349 oder 344 bis 407), ein Kirchenvater und Heiliger.

Aber nicht ein Damhirsch war es,
Den die Kugel hat getroffen;
Einen Menschen traf sie tödlich,
Sieh, und seine schwarze Stute
Irret frei umher im Walde.
Gott sei deiner Seele gnädig!
Armer Wanderer! Ich gehe,
Dort, im Sande, bei dem Flusse,
Dir ein stilles Grab zu graben.

8. Sofia

Herr, wie kalt sind deine Hände!
Herr, wie feucht sind deine Haare!
Zittr' ich doch in deinem Bette,
Unter deinen Perserdecken!
Ja, in Wahrheit, mein Gebieter!
Eisig ist dein ganzer Körper;
Friere sehr, ich schaur' und bebe,
Kalter Schweiß deckt mir die Glieder.
O du heilige Mutter Gottes,
Habe Mitleid mit mir Armen!
Doch ich glaube, dass ich sterbe.

9. Der Beg von Mojna

Sprecht, wo ist sie? Sprecht, wo ist sie,
Meine schöne Braut Sofia?
Warum kommt die mir Verlobte
Nicht zum filzgewebten Zelte?
Sklaven, lauft, sie aufzusuchen,
Und befehlt den Sängerinnen,
Die Gesänge zu verdoppeln.
Morgen, morgen werd' ich ihnen
Nüsse werfen und Zechinen.
Meine Mutter soll das Mädchen
Doch dem Hochzeitpaten geben;

Denn wie lange, o wie lange
Bin ich schon allein im Zelte!

10. Der Hochzeitpate

Edle Swaten, wackre Swaten!
Jeder fülle seinen Becher,
Jeder leere seinen Becher!
Nahm die junge Frau Zechinen,
Stahl sie unsre Silberketten;
Wollen wir dafür uns rächen
Und nicht einen Krug voll Branntwein
Mehr in ihrem Hause lassen.
Unsre jungen Neuvermählten
Haben sich zurückgezogen,
Hab' auch schon des Bräutigames
Seidnen Gürtel losgebunden:
Wollen uns der Freud' ergeben!
Hei! Die schöne Braut Sofia
Freit der reiche Beg von Mojna!

11. Sofia

Ach! Was tat ich dir, Gebieter?
Warum drückst du so die Brust mir?
Ist es doch, als wenn ein Leichnam
Mir von Blei den Busen presste.
O du heilige Mutter Gottes!
So geschnürt ist mir die Kehle,
Dass ich zu ersticken glaube:
Kommt mir, Freundinnen, zu Hilfe!
Mich erstickt der Beg von Mojna.
Meine Mutter! Meine Mutter!
Schleunig eile mir zu Hilfe.
Denn er hat mich schon gebissen
Auf die Ader meines Halses,
Ach, und saugt von meinem Blute.

Prosper Mérimée

Der Zaghafte

In die Stadt noch sollte der Iwantsche;
Spät schon war es, und er musst' im Dunkeln
Über einen Gottesacker gehen.
Doch verzagter als ein Mädchen war er,
Zitterte, wie wenn er's Fieber hätte.

Als er auf dem Kirchhof angelanget,
Blickt er bald zur Rechten, bald zur Linken,
Sieh! Da hört er plötzlich etwas nagen,
Und er glaubt, es sei vielleicht ein Vampir,
Der in seiner finstern Gruft noch esse.
Ängstlich ruft er: »Ach! Ich bin verloren.
Sieht er mich, er wird mich speisen wollen,
Weil ich gar so fett und wohlbeleibet.
Erde muss von seinem Grab ich essen;
Tu' ich's nicht, so ist's um mich geschehen.«

Bücket drauf, sich Erde aufzuheben;
Doch ein Hund, an einem Knochen nagend,
Glaubt, den Knochen woll' Iwantsche nehmen.
Und da springt der Hund ihm an die Beine,
Beißet bis aufs Blut ihn in die Wade.

Prosper Mérimée

Die Beschwörung

Saß der Konstantin Jakubowitschu,
Saß auf einer Bank vor seiner Türe;
Vor ihm stand sein kleiner Sohn und spielte
Mit des Vaters Säbel; die Miljada,
Seine Gattin, kauert' auf der Erde.
Und es kam vom Walde her ein Fremder,
Reicht' ihm seine Hand und grüßt' ihn traulich.

Der Gestalt nach scheint der Fremd' ein Jüngling,
Doch sein Haar ist grau, sein Auge düster,
Hohl die Wangen und die Schritte schwankend.
»Du in Gott mir Bruder!«, rief der Fremde.
»Habe großen Durst und möchte trinken.«
Die Miljada sprang auf ihre Füße,
Ging und brachte schnell ihm Milch und Branntwein.

»Bruder, welch' ein Hügel ist da unten,
Jener dort, bepflanzt mit grünen Bäumen?« –

»Warst du denn noch niemals hier im Lande,
Dass du nicht«, erwidert Jakubowitsch,
Unsers Stammes Gottesacker kennest?« –

»Nun! Dort will ich ruhen«, ruft der Fremde,
»Denn ich fühle, dass der Tod mir nahet.«
Wickelt los den breiten roten Gürtel,
Zeiget eine blutige tiefe Wunde:
»Eines Türken mörderische Kugel
Hat seit gestern mir die Brust zerfleischet,
Sodass ich nicht leben kann noch sterben.«

Alsbald stützt den Jüngling die Miljada
Und der Konstantin Jakubowitschu
Untersuchet seine blutige Wunde.

»Traurig war mein Leben«, seufzt der Fremde,
»Traurig war es, traurig wird mein Tod sein;
Doch auf jenem sonnumstrahlten Plätzchen,
Auf dem Hügel soll man mich begraben;
Denn ich war ein Held, da meine Rechte
Schwer genug für sie kein Schwert gefunden.«

Und da lächelte sein Mund; die Augen
Traten vor aus ihren Kreisen; plötzlich
Neigte sich sein Haupt. – Da schrie Miljada:
»Hilf mir halten, lieber Jakubowitsch!
Ach! Wie schwer geworden ist der Fremde!
Kann nicht länger ihn alleine stützen.«
Und ihr Gatte merkte, dass er tot war.

Auf sein Ross nun hat er ihn geladen
Und getragen auf den Gottesacker,
Nicht gefraget, ob Lateiner Erde
Eines ketzerischen Griechen Leichnam
Wohl in ihrem Schoße dulden werde. –
Machten drauf ein Grab an sonnigem Orte,
Und begruben ihn mit Schwert und Handschar[1],
Wie es sich für einen Krieger ziemet.

Eine Woche war hierauf verstrichen,
Und das Kind des Konstantin erkrankte;
Bleich die Lippen, konnt' es kaum noch gehen,
Legte sich betrübt auf eine Matte,
Das wohl sonst so gern herumgesprungen.

Sieh! Da führt in seinen Hof der Himmel
Seinen Nachbar, einen heil'gen Klausner.
»Seltnes Übel hat dein Kind befallen:

[1] Zweifach gebogenes, bis 50 cm langes, zweischneidiges Sichelschwert mit breitem Griff ohne Parierstange.

Schau auf weißem Hals den roten Flecken;
Das ist Spur von eines Vampirs Zahne.«

In den Sack nun steckt er seine Bücher,
Und begibt sich auf den Gottesacker;
Dort befiehlt er gleich, das Grab zu öffnen,
Wo der unbekannte Held bestattet.

Rot und frisch noch fand man seinen Körper;
Nur gewachsen war indes der Bart ihm,
Seine Nägel glichen Vogelklauen,
Blutig war des toten Jünglings Lippe,
Und das Grab war überschwemmt mit Blute.
Einen Pfahl ergriff der Jakubowitsch
Und durchstach damit des Fremden Leichnam.

Sieh! Da schrie der Tot' und floh zum Walde.
Und ein Pferd, die Bügel in den Flanken,
Kann so schnell wie das Gespenst nicht laufen,
Und so ungestüm und heftig eilt' es,
Dass vor ihm sich junge Sträuche bogen,
Und der Bäume dicke Äste brachen,
Gleich als wäre jeder Ast gefroren.

Hierauf nahm der Klausner von dem Grabe,
Von des Fremden Grabe Blut und Erde,
Rieb damit den Leib des kranken Kindes;
Gleiches taten auch des Kindes Eltern.

Wie der Abend kam, da sagten beide:
»Grad' um diese Stunde starb der Fremde.«
Nach dem Worte heult der Hund und birgt sich
Furchtsam zwischen seines Herren Beine,
Und es öffnet sich des Zimmers Türe,
Und ein Riese tritt herein, sich bückend,
Setzt sich nieder mit gekreuzten Beinen,
Und sein Haupt berührt der Decke Balken;
Lächelnd blickt er an den Jakubowitsch.

Dieser kann nicht weg das Auge wenden,
Denn er war bezaubert durch den Vampir.

Doch der Klausner hat sein Buch geöffnet,
Wirft ins Feuer einen Rosmarinzweig,
Bläset dem Gespenst den Rauch entgegen,
Und beschwöret es in Jesu Namen.
Bald, so fängt der Vampir an zu beben
Und entweichet durch des Zimmers Türe,
Wie ein Wolf, verfolgt von kühnen Jägern.

An dem andern Tag, in gleicher Stunde,
Heult der Hund, es tut sich auf die Türe,
Und ein Mann tritt ein und setzt sich nieder;
Dieser Mann, von eines Kriegers Wuchse,
Heftet unablässig seine Blicke
Auf den Konstantin, ihn zu verblenden.
Doch der Klausner hat den Geist beschworen,
Und so ist er abermals entflohen.

Und am dritten Tag, in gleicher Stunde,
Ist ein kleiner Zwerg ins Haus getreten;
Eine Ratte hätt' ihn tragen können.
Dennoch blitzten seine beiden Augen
Wie zwei Fackeln, und sein Blick war kläglich.
Da beschwor der Klausner ihn aufs Neue,
Und für immer ist er drauf entwichen.

Prosper Mérimée

Der Vampir

Fragment

In dem Marschland von Stawila[1],
Neben einer klaren Quelle,
Liegt ein Leichnam auf dem Rücken;
'S ist der böse Venezianer,
Der die Mara[2] hintergangen
Und die Häuser uns verbrennet.
Eine Kugel traf die Gurgel
Und ein Jatagan[3] das Herz ihm;
Aber seit drei langen Tagen,
Die er auf dem Boden lieget,
Fließt sein Blut noch warm und rötlich.
Seine Augen sind erloschen,
Aber schauen auf zum Himmel.
Wehe dem, der dort vorbeigeht!
Wie vermöcht' er die Verblendung
Seines Blickes auszuhalten?

Lang geworden ist sein Barthaar;
Seine Nägel sind gewachsen;
Auch entfernen sich die Raben
Von dem Toten mit Entsetzen
Und gesellen sich doch gerne
Zu den tapferen Heiducken[4],
Die um ihn die Erde decken.
Blutig ist sein Mund und lächelt,
Wie der Mund des Schläfers lächelt,
Den die böse Liebe quälet.

---

1 Heute nicht mehr zweifelsfrei verifizierbare Örtlichkeit in Serbien.
2 Gemeint ist Maria Magdalena.
3 Kurzes türkisches, vorn wenig gekrümmtes Schwert, mit Griff ohne Parierstange.
4 Bandenmäßig organisierte Gesetzlose in Südosteuropa und später auch Freiheitskämpfer gegen die türkische und österreichische Herrschaft.

Näher, Mara! Komm, betrachte,
Diesen Mann, um den dein Volk du
Und die Deinen hast verraten!
Wag' es, Mara, sie zu küssen,
Diese bleichen, blutigen Lippen,
Die so schön zu lügen wussten!
Tränen schuf er dir im Leben,
Wird dir tot noch Tränen kosten.

Wilhelm August Wohlbrück

Die Arie des Vampirs[1]

Ha! Welche Lust,
Aus schönen Augen
An blühender Brust
Neues Leben
In wonnigem Beben
Mit einem Kusse in sich zu saugen;
In liebendem Kosen
Mit lüsternem Mut
Das süßeste Blut,
Wie Saft der Rosen,
Von purpurnen Lippen
Schmeichelnd zu nippen!
Und wenn der brennende Durst sich stillt,
Und wenn das Blut dem Herzen entquillt,
Und wenn sie stöhnen voll Entsetzen –
Haha! Haha! Welch Ergötzen! Welch Ergötzen!
Mit neuem Mut
Durchglüht mich ihr Blut,
Ihr Todesbeben
Ist frisches Leben. –
Armes Liebchen, bleich wie Schnee,
Tat dir wohl im Herzen weh? –
Ach, einst fühlt' ich selbst die Schmerzen,
Ihre Angst im warmen Herzen,
Das der Himmel fühlend schuf.
Mahnt mich nicht in diesen Tönen,
Die den Himmel frech verhöhnen.
Ich verstehe euren Ruf!
Ha! Welche Lust!

[1] In anderen Fassungen des Librettos wurde der gesungene Text variiert. *(siehe Anhang).*

Cäsar Max Heigel

Der Vampir

Etienne:

Ein Vampir nimmt wohl die Gestalt
Von jedem Menschen an,
Doch nie erscheint er schwach und alt,
Stets als ein junger Mann:
Sein Antlitz und sein Leib ist schön,
Er weiß die Worte glatt zu dreh'n;
Doch in dem Auge, schuldbewusst,
Brennt tief das Feuer böser Lust.
Seht ihr im Aug' den düstern Schein,
So denkt, es muss ein Vampir sein.

Chor:

Sieht man im Aug' den düstern Schein,
So kann es wohl ein Vampir sein.

Etienne:

Bald schüchtern naht er und bald keck,
Er spricht von Liebespein;
Ganz schlau verfolgt er seinen Zweck
Und schläfert Vorsicht ein.
Doch schmückt ihn nicht der Unschuld Rot,
Sein Angesicht ist bleich wie tot,
Und wenn er lächelt, schaut er aus,
Als käm' er aus dem Leichenhaus.
Sieht einer blass und schmachtend drein,
So denkt, das kann ein Vampir sein.

Chor:

Sieht einer blass und schmachtend drein,
So kann es leicht ein Vampir sein.

Etienne:

Drum, Mädchen, nehmt euch wohl in Acht
Vor solcher Zauberkunst,
Ein Vampir ist ein Kind der Nacht,
Und Tod bringt seine Gunst.
Hat er ein armes Kind berückt
Und mit dem Höllennetz umstrickt,
So stirbt sie schnell in seinem Arm.
Er saugt ihr Blut vom Herzen warm.
Drum präget euch die Warnung ein:
Wohl mancher kann ein Vampir sein.

Chor:

Mit keinem lassen wir uns ein,
Jedweder kann ein Vampir sein.

J. Huber

Triolett

Im sanften Vollmondscheine,
Wann schmachtend Taub' und Täuber girrt,
Der Linde schöner Sylphe[1] schwirrt,
Wandelt die Lieb' alleine
Im sanften Vollmondscheine.
Wann scheu im Moor ein Lichtchen irrt,
Vampir sein Raubgeräte schirrt,
Ruht bei Herzliebchen sein der Hirt'
Im sanften Vollmondscheine.

---

[1] Naturgeist der Luft.

Rochus Otto Manderup Heinrich zu Lynar[1]
Die Vampiren[2]
Eine Ballade

Was fliegt und was braust durch die stürmende Nacht
Am Kirchhof herab in die Runde?
Was ist's, das so grässlich, so schauerlich lacht,
Als höhnt' es die Mitternachtsstunde? –
Es sind die Vampiren im Mondenschein,
Dort flattern sie um den Leichenstein.

Einst wohnte in jenem verfallenen Schloss
Ein Fräulein von reizender Schöne,
Umlagert war sie vom Freiertross
Der edelsten Ungerland[3]-Söhne;
Doch reichte sie keinem den bräutlichen Strauß,
und alle gingen verachtet nach Haus.

Da zieht ein Malteser[4] des Weges dahin
und will in der Burg sich erquicken;
Wie pocht ihm das Herz, wie schwindelt sein Sinn,
Als schlau ihn die Reize umstricken
Der lieblichen Wirtin mit Zaubergewalt,
Dass zögernd der Ritter nicht weiter wallt[5]. –

Und wahrlich! Elfriede war engelschön,
Ein Himmel, im Aug' ihr zu lesen;
Wer mocht' in dem lieblichen Bilde erspäh'n,
Wie treulos die Seele gewesen?

---

1 Das nur mit z. L. signierte Gedicht stammt mit an Sicherheit grenzender Wahrscheinlichkeit von Rochus Otto Manderup Heinrich zu Lynar. Es scheint sich um eine frühere als die für ihn belegte Fassung (siehe die Fassung im Hauptteil) zu handeln, die wohl später in einigen Teilen leicht verändert worden ist.
2 Vom Dichter durchgehend verwendete Form der Mehrzahl von »Vampir«.
3 Ungarn.
4 Hier: ein Angehöriger des Malteser Ritterordens (= Ableger des Johanniterordens).
5 Sich auf einer Wallfahrt befindend.

Und listig mit lügendem Liebesblick
Betört sie den Ritter und hält ihn zurück.

Er reißt sich das Kreuz von der klopfenden Brust,
Wie das Fräulein ihm Liebe geschworen;
Und schwelgend in Hoffnung und Minnelust –
So geht ihm der Himmel verloren.
Was tut's, dass der Abt in den Bann ihn spricht,
Die Liebe und Treue erschüttert es nicht! –

Da wendet das Fräulein mit höhnendem Spott
Sich weg von dem staunenden Ritter:
»Nun, ziehet nur weiter, versöhnt Euch mit Gott
und büßt hinter Kloster-Gegitter!
Elfriede war ein zu hohes Ziel! –
Und was Euch beglückte, war Kurzweil und Spiel.«

Dem Ritter, vernehmend das Donnerwort,
Versanken in Nacht seine Sinne;
Bald wollt' er sich rächen mit grausamem Mord,
Bald verachten die treulose Minne.
Da erstarrt ihm das Herz, das so stürmisch schlägt, –
Und der Jüngling wird in die Gruft gelegt.

Wie Mitternacht summt von dem moosigen Turm,
Da kommt ein Vampir geflogen; –
Ihn scheucht nicht der Regen, der heulende Sturm,
Noch hat er sich satt nicht gesogen; –
Auf dem Schloss ist ein reizendes Kämmerlein,
Da flattert er leise zum Fenster ein.

Das Fräulein ruht auf dem Lager so mild,
Sanft atmend, die Augen geschlossen, –
So blühet die Rose im Lenzgefild',
Von tausend Reizen umflossen. –
Wie heimlich und still, nur das Lämpchen ist wach,
Der Bräutigam schlüpft in das Brautgemach.

Er flattert herum um das reizende Bild
So lüstern in flackernder Helle;
Da wird er mit Wut und mit Liebe erfüllt,
Er ahnet die purpurne Welle.
O Vampir, o Vampir, nun sauge dich an,
Du starbst ja als ein gekränkter Mann!

Und in die schneeweiße, die wallende Brust,
Leis' wehend, hat er gebissen;
Er schlürft das Blut in der gierigsten Lust,
Wie Tropfen auf Tropfen entfließen,
Saugt blasser und blasser ihr Rosengesicht,
Bis langsam das schlummernde Auge bricht.

Da grämt sich der Vampir nicht länger allein,
Da hat er sein Weibchen gefunden:
Nun schwärmen sie gern um den Leichenstein
Zusammen in nächtlichen Stunden
Und zwitschern und rauschen durch grausige Nacht,
Bis der Hahn sie verscheucht und der Morgen erwacht.

Abraham Emanuel Fröhlich

Prinzen-Zucht

Der Vampir-Orden war gestiftet worden,
und solche Regel ward den schwarzen Horden:
»Wie Seuch' und Pestilenz zum Land einschleichen,
so wollen sicher wir die Beut' erreichen.
Auf Schlaf und Ruh, auf Frieden und Vertrauen,
und wessen sich die müde Welt entzücket,
darauf muss unser nächtlich Reich sich bauen;
dann ist's, wann unser Glaubenswerk uns glücket.
Dann fliegen wir wie Träume sanft danieder
und wehen Kühlung auf die heißen Glieder;
und saugen Blut, o trunk'ne Wonnestunden!
Reichquellend Blut aus unsichtbaren Wunden.
Und, dass der Wächter nicht die Herd' erwecke,
sei er der Erst', den unser Flügel decke,
bis wir ihm Leib und Seele ausgetrunken,
bis er in tiefster Ohnmacht liegt versunken.«

Karl Heinrich Wilhelm Wackernagel

Der Vampir

Keine Ruh' auf meinem kalten Pfühle[1],
Keine Ruh' in meiner dunklen Nacht;
Durch die Straßen sternenhell und kühle,
Treibt mich des Verlangens Zaubermacht;
    Sonder Rast und Ruh'
    Such' ich immerzu;
Alles schlummert, meine Sehnsucht wacht.

Ob in keiner von den stillen Kammern
Ruhet eine hochgewölbte Brust,
Die sich's lohnte, gierig zu umklammern,
Auszusaugen mit erneuter Lust?
    Wieder such' ich heut,
    Was mich sonst erfreut:
Meiden hab' ich's nur zu lang gemusst.

Sieh, ummauert dort von festen Ziegeln,
Sieh, es schlummert dort ein schöner Mann,
Wohlverwahrt mit Schlössern und mit Riegeln,
Und ein braunes Röcklein hat er an.
    Seine Brust, wie voll!
    Dieser Jüngling soll,
Mich mit Blut zu füllen soll er dran.

Bis zum Grunde will die Brust ich leeren,
Schlürfen will ich seines Herzens Blut,
Neues Leben soll er mir gewähren,
Neu erwecken die erlosch'ne Glut.
    Ist's um den gescheh'n,
    Muss nach andern geh'n,
Und das ganze Volk erliegt der Wut.

---

[1] Kissen.

Ignaz Hub

Der Vampir

Ballade

Zwölfmal hebt der Hammer aus.
Totenklage, Todesgraus
Hüllet ringsum Nacht und Moor,
Käuzlein ächzt ein Sterblied vor;
Unken halten Hochzeitschmaus,
Köter speit Entsetzen aus,
Höllenfunken sprüht Schuhu,
Schaurig heult der Wolf dazu.

Aus dem feuchten Gräbermoos
Ringet sich ein Toter los,
Und aus schwarzem Abgrund schraubt
Sich ein scheußlich Totenhaupt.
Düster scheint der Mond herein
Auf Gewürm und Totenbein,
Und ein Flammenmeer, o Graus,
Prasselt aus dem Bretterhaus.

In dem bleichen Vollmondschein
Schlürft er bleiches Leben ein;
Drachenfleisch, von Gift durchsprüht,
Sich um seine Rippen zieht;
So durch Höllenzaubermacht
Steigt er aus dem Höllenschacht.
Vor der Osten dreimal rot,
Ruft ihn ab der Höllengott.

Fertig, mit bedachtem Plan,
Steht der arge, bleiche Mann,
Um ihn tanzt ein Hexenchor
Und heult Schauerweisen vor.
Seine Augen, die des Molch,

Blinken grässlich, wie der Dolch.
Seine Lippen, blauer Gischt,
Sind mit Höllenglut gemischt.

Satteln lässt gar wundersam
Jetzt der schmucke Bräutigam;
Fledermäus', wie Ratten kirr,
Schwirren um sein Brautgeschirr;
Und auf eines Angers Plan
Hält sein luft'ges Viergespann.
Dort saugt er vom Rabenstein
Bräutchens Blut mit Wonne ein.

Bräutchen jammert, Bräutchen ächzt,
Rabe um fein Liebchen krächzt.
»Herzchen, ach, mein Täubchen gut,
Lechze gar nach deinem Blut!
Nehm' mir nur den Morgenschmaus,
Gehst dann wieder in dein Haus.«
Und es röchelt und es schrillt,
Wie die Braut den Brautherrn stillt.

Ja, solch feile Liebesbrut
Macht dem Teufel frohen Mut.
Und noch vor der Morgen blinkt,
Und das Morgenglöcklein klingt,
Kommt er schon als Galatan[1]
In den Klostermauern an.
Sucht sich dort sein Opfer aus
Und beginnt den Hochzeitschmaus.

»Nönnchen, Nönnchen, Nönnchen fein,
So verlassen, so allein,
Nur ein Küsschen, einen Kuss,

[1] Unbekanntes und nicht verifizierbares Wort. Möglicherweise bezieht sich der Begriff auf den Namen Galateia, der so viel wie »die Milchweiße« bedeutet, also Unbefleckheit und Reinheit symbolisiert. Galateia ist eine Gestalt aus der griechischen Mythologie, die ihre vom Vater nicht gewollte Tochter als Jungen ausgibt und somit alle zu täuschen vermag. Der Begriff könnte also ebenfalls auf eine gelungene Täuschung hinweisen.

Sonst vor Lieb' ich sterben muss!
Nönnchen, Nönnchen, lieb und zart,
Sei doch nicht so kalt und hart.«
Nönnchen küsst den bleichen Mann. –
Ach, um Nönnchen ist's getan.

Und er saugt das frische Blut
Ein mit wahrer Tigerwut;
Lachet, dass die Hölle gellt,
Freudig, wie das Opfer fällt.
Und er saugt und saugt und saugt,
Dass es von den Lippen raucht,
Frische Lust und frisches Weh
Aus des Busens Lilienschnee[1].

Hört ihr schon? Zum Hörnerklang
Wallt dort unter Sing und Sang
Bräutigam mit Bräutchen süß,
Röslein gleich im Paradies,
Zum Altare, froh und schwer.
Feierstille rings umher!
»Dein auf ewig! Ewig dein,
Bis zum engen Grabverein!« –

»Wer ist doch der fremde Mann,
Schleicht so schüchtern sich heran,
Sieht so stattlich aus und fein,
Muss gewiss was Großes sein.«
»Bräutchen, ach, mein Bräutchen süß,
Röslein gleich im Paradies,
Nimmst du's eben nicht zur Last,
Bin ich heut' dein Hochzeitgast.«

Röschen ist gar bang zu Mut,
Stürmisch wallt das heiße Blut.
»Solche Gnade, hoher Herr!
Seid willkommen! Solche Ehr'

[1] Poetischer Ausdruck für frische, jugendliche Haut an der Brust, den »Lilienhügeln«.

Ward uns lange nicht zu Teil,
Und habt Ihr nicht große Eil,
Mögt Ihr Euch des Festes freu'n
Bei Trompeten und Schalmei'n.«

Röslein, Röslein, Röslein gut,
Dauert mich dein junges Blut.
Bräutchen mit dem Festeskranz
Tanzt gar schön den Hochzeittanz;
An den Reihen frisch voran
Fliegt der fremde Scharlatan.
Röschen wird gar wundersam, –
Armer, armer Bräutigams!

»Ach, wie bist du sanft und schön,
Kennst nicht meine Herzensweh'n?
Ach, mein Täubchen, wärst du mein,
Wollt' dir ganz zu eigen sein!
Nur ein Küsschen, einen Kuss,
Sonst vor Lieb' ich sterben muss!«
Und lieb Röschen küsst und küsst –
Hat's der Vampir totgeküsst!

Und so küsst er Tag und Nacht,
Bis das blut'ge Werk vollbracht.
Wen sein gift'ger Hauch berührt,
Ist von Höllenmacht verführt.
Du gibst dich dem Scheusal hin,
Und der Tod ist dein Gewinn,
Wie es auch der Seele graust,
Ängstigend die Brust zerzaust.

Wenn der dritte Morgen graut,
Ist sein Grab mit Blut betaut,
Und der weite, tiefe Schlund
Flammt und prasselt auf vom Grund.
Sieh, da naht der blut'ge Mann
Mit dem Fledermausgespann,

Und sein Fleisch, am Höllengrab,
Fällt wie mürber Zunder ab.

Tief im Schreckensschacht, o Graus,
Schläft das Ungeheuer aus,
Bis zu neuer Tagesfrist
Mondlicht von dem Hügel fließt;
Und dann halten Teufel Rat,
Zu vollführen solche Tat,
Dass der Hölle selber graust,
Und der Abgrund heult und braust. –

Liebe Mädchen, hütet euch
Vor dem Mann, so scheu und bleich,
Der in gift'ger Schmeichelei
Euch versichert Lieb' und Treu!
Denn wer sich von euch vergisst
Und den bleichen Sauger küsst,
Bleibt in Ewigkeit als Braut
Nur dem Vampir angetraut.

Lothar

Die Traumwunde

Ich sah, vom Traum umschlungen,
Mir wilde Vampire nah'n,
Die reckten die durstigen Zungen,
Die wetzten den blutigen Zahn.

Ich rang im Traum mit den Leichen,
Ich wehrte der Gierigen Lust,
Da fühlt' ich das schreckliche Zeichen,
Den Biss des Vampirs in die Brust! –

Wach auf! Was für Lieben und Klingen
Ruft mich vom Lager vor?
Hellschmetternde Lerchen schwingen
Zum Frühlingsdom sich empor.

Die Sonne taucht in Gluten
Den ganzen unendlichen Raum, –
Muss ich allein noch bluten
An meiner Wunde vom Traum?

Feodor Löwe

Der Vampir

Es ist der Dichter ein Vampir,
Der aus dem Reich der Schatten taucht
Und mit der heftigsten Begier
Sein eignes warmes Herzblut saugt.[1]

Er nähret sich von seinem Schmerz,
Es ist der Tränen Salz sein Mahl;
Und wenn ihm blutend zuckt das Herz,
Dann letzt er sich an seiner Qual.

Durch Steppen streift er, durch den Wald,
Durch wirtlos Heideland und Moor
Und ruft aus Kluft und Felsenspalt
Die bösen Geister rings hervor.[2]

In luft'ger Elfen nächt'gen Tanz,
In ihre buntgemischten Reih'n,
Als wär' er selbst nur Duft und Glanz,
Mischt er sich sinnberauscht hinein.

Ihn freut das tobende Gewühl,
Das flammend seine Brust durchzieht,
Denn jedes streitende Gefühl
Erschafft in ihm ein neues Lied.

Und was er denkt, er singt es fort
In leidenschaftlich wilder Glut,[3]
Und weiß nicht, dass ein jedes Wort
Ein Tropfen ist von seinem Blut.

---

[1] In späteren Fassungen wurde die Zeile geändert in: Das eig'ne warme Herzblut saugt.

[2] In späteren Fassungen wurde die Zeile geändert in: Die bösen Geister all' hervor.

[3] In späteren Fassungen wurde die Zeile geändert in: In seines Dranges wilder Glut.

Ludwig August Frankl

Vampir

Weil meine Stimme klar und mild
Dir in die Seele klingt
Und als Gedanke, Lied und Bild
Mein Geist in deinen dringt;

Weil süß erschreckend oft mein Blick
Dich trifft mit raschem Schein –
Dünkt dir's ein seliges Geschick,
In Liebe mein zu sein?

Es ist, o Weib, dein Sinn betört –
Mein Wort, sonst mild und weich,
Trifft grausam hart dich und zerstört
Dir deines Friedens Reich.

Wirf fort, was die Vergangenheit
Dir in die Seele schrieb,
Wirf fort von dir die Jugendzeit,
Bist du dir selber lieb.

Wirf die Gedankenblume ab,
Die um das Haupt dir glüht,
Auf dunklem ungeweihtem Grab
Ist trauernd sie erblüht.

Du hast der Liebe Himmelslicht
In dir zum Brand gefacht,
Verzehren kannst du, lieben nicht,
Du folgst dämon'scher Macht.

Doch nein, du starbst an Seelenschmerz,
Du starbst schon lange hier;

Und legst dich kalt mir an das Herz,
Lass ab – lass ab, Vampir!

Unbekannter Autor

Vampir[1]

Wir haben in Romanen oft gelesen,
Dass manche, die der Tod von uns getrennt,
Zwar in den Gräbern ruh'n, doch nicht verwesen,
Und diese sind's, die man Vampire nennt.
Sie sollen sich von ihrem Herzblut nähren,
Und wenn der letzte Tropfen aufgesaugt,
Aus eigner Kraft ins Leben wiederkehren,
Ganz farblos und in Leichenduft getaucht
Den Freunden, die sie einst geliebt auf Erden,
In stiller Mitternacht das Blut entzieh'n,
Wodurch auch diese zu Vampiren werden
Und nach der Tat in ihre Gräber flieh'n. –
Es sind zum Glück im deutschen Vaterland
Uns solche Schreckensmenschen unbekannt.
Wir haben eine andre Art Vampire,
Die saugen sich nur voll beim Doppelbiere,
Und schleppt man sie bei Nacht mit Müh' nach Haus,
So seh'n sie ganz so wie die echten aus,
Gefährden aber keines Freundes Leben,
Nur muss zum Streit man keinen Anlass geben.
Doch wird ein guter Freund oft angeführt[2],
Wenn er so einem Vampir kreditiert[3].

1 Auszug aus: Fortsetzung des Theater-Katechismus. Buchstabe V und W.
2 Hier im Sinne von »betrogen/angeschmiert werden«.
3 Einen Kredit gewähren, Geld auslegen/vorschießen/leihen.

Siegfried Kapper

Ein Vampir

Illyrisch[1]

Was betrübt, o Marko, deine Seele,
Dass dein Auge also finster schauet?
Was bedrückt dein Herz, dass deine Stirne
So gefurcht und deine Wang' erblichen?
Hat der Hagel dir die Saat zerschlagen?
Glaubst du, dass ich wankend in der Liebe?
Oder saugt in mitternächt'ger Stunde
Ein Vampir das Blut dir aus dem Herzen? –

»Hätte Hagel mir die Saat zerschlagen,
Brächt' ein nächstes Jahr wohl Doppelernten;
Wärst du wankend in der Liebe worden,
Neue Zeit brächt' wohl auch neue Liebe.
Aber ein Vampir saugt mir am Herzen,
Nachts und morgens, lange, lange Tage,
Seit Stavila[2] ist zu Schutt geworden,
Seit an unsern Küsten fremde Kähne,
In den Bergen fremde Männer streifen.« –

Schlimm sind, die Stavila eingeäschert,
Schlimm in unserm Land die wilden Gäste;
Schlimmer der Vampir in deinem Herzen,
Hat mir deine Liebe wohl geraubt.
Kämst wohl sonst, wie immer, an mein Fenster,
Ließest nimmer mich in stillen Nächten
Einsam deiner und vergebens harren,
Bis der Morgen in der Ferne graut. –

---

1 Das antike Volk der Illyrer auf der Balkanhalbinsel betreffend. Hier ist vermutlich die sog. Illyrische Bewegung gemeint, eine Nationalbewegung von Kroaten, Serben und Slowenen, die von 1830 bis 1848 eine Einheit der auf dem Balkan lebenden Slawen propagierten.

2 Ein heute nicht mehr eindeutig verifizierbarer Ort auf dem Balkan.

»Müsst' ich nicht vorüber an Stavila,
Wenn ich nachts zu dir, Geliebte, gehe,
Solltest nicht vergebens meiner harren;
Müsst' ich nicht vorüber dann am Strande,
Wenn ich früh des Morgens von dir scheide,
Solltest meine Liebe nicht bezweifeln.
Aber – der Vampir in meinem Herzen
Lässt mich nie den Weg zu dir vollenden,
Halt mich wie gebannt bei jenen Trümmern,
Bei Stavilas Schutt und Aschenhaufen!« –

– –

Kam zur Hütte der Geliebten Marko,
Morgens war es, eines frühen Morgens,
Pochte leise an das kleine Fenster.
Trat heraus das Mädchen an die Schwelle,
Sah den Liebsten, den so lang vermissten,
Sank ihm freudig jubelnd an die Brust.

»Einen Becher fülle mir, Geliebte,
Roten Weines! Reiche mir ihn selber,
Dass ich einmal noch von deinen Händen
Trinke, die so oft mich treu gepflegt;
Dass ich einmal noch die warmen Lippen
Küsse, die so oft mich süß gelabt.«

Eilt das Mädchen in des Vaters Keller,
Bringet schnell den Becher roten Weines,
Reicht ihn freundlich dem Geliebten hin.
Marko nimmt den schäumend vollen Becher,
Schwingt ihn hoch: »O edler Heldentrank!«
Schlingt die Arme um das schlanke Mädchen,
Küsst sie: »Und o süßer Trank der Liebe!«

Doch mit einmal windet sich das Mädchen
Bleich, entsetzt aus des Geliebten Armen:
»Marko, Marko, sprich, was ist geschehen?
Feucht von nächt'gem Taue ist dein Mantel,

Nass von frischem Blute die Gewänder,
Blutbefleckt dein Jatagan[1], die Hand,
Und, o Gott, aus deiner Brust, verwundet,
Quillet warmes Blut! – Hast du gerungen
Mit den Hirten um ein Ross im Walde?
Hast mit Räubern du gekämpft am Wege?
Oder hast du in den dunkeln Schluchten
Des Gebirges einen Wolf erlegt?«

Marko drauf mit stolzem Mut entgegnet:
»Um ein edles Ross hab' ich gerungen,
Aber mit den Hirten nicht im Walde;
Hab' gekämpft mit einem frechen Räuber,
Doch mit keinem, der am Wege lagert;
Einen bösen Wolf hab' ich erlegt,
Aber keinen, der in Schluchten hauset.
Edles Ross ist unser freies Recht!
Räuber sind die Fremden, die es schänden!
Wölfe sind es, die mit blut'ger Gier
Sich von unsern Scheunen, Hürden[2] mästen!«

Also Marko. Und den Becher schwingt er,
Trinkt die volle Glut des Heldentrankes:
»Dies, o Mädchen, ist mein letzter Trunk!«
Und die Arme schlingt er um das Mädchen,
Trinkt der Liebe Glut von ihren Lippen:
»Dies, o Mädchen, unser letzter Kuss!
Eile nun und lass die Glocken läuten,
Lass ein Grab mir graben bei Stavila,
Lass sie singen alte Heldenlieder,
Wenn sie mich versenken in das Grab!
Rosen pflanze über meinem Herzen,
Reben um den Hügel rings im Kreise
Und zu Häupten einen Eichenbaum;
Denn wie ich – im Arme treuer Liebe,
Mit dem Becher voll des edlen Weines,

[1] Kurzes türkisches, vorn wenig gekrümmtes Schwert, mit Griff ohne Parierstange.
[2] Ursprünglich Flechtwerk, hier für geflochtene leichte Zäune, die einen Pferch für Vieh bilden.

Für das gute Recht, für heil'ge Freiheit –
Wenige sterben also seligen Tod!«

– –

Auf dem Marschland bei Stavila,
Auf dem Brachfeld, wo die Asche
Ausgestreuet liegt vom Winde –
Asche von Stavilas Hütten –
Steht ein Eichbaum alt und riesig,
Fließt ein klarer Wiesenquell.
Über Nachtzeit sind die Blätter
Hingewelkt vom Eichenbaume,
Über Nachtzeit sind die Wasser
In der Quelle rot geworden.

An der Eiche, an der Quelle
Liegt ein Leichnam auf dem Rücken.
Eine Kugel traf die Kehle
Und das Herz ein Jatagan.
Seit drei langen, langen Tagen
Liegt er da im Quellensande,
Liegt im heißen Sonnenbrande
Und im kühlen Tau der Nacht.

Nicht geschlossen sind die Augen,
Scheinen boshaft noch zu glimmen;
Nach der Eiche schau'n sie aufwärts,
Und es welkt das grüne Laub.
Nicht geschlossen sind die Wunden,
Rotes Blut fließt noch aus ihnen,
Fließet allwärts in die Quelle,
Und die Wasser werden rot.
Lang geworden ist sein Haupthaar,
Und die Nägel sind gewachsen,
In den Boden hat die Rechte
Eingewühlt den blut'gen Dolch.
Also seit drei langen Tagen
Liegt er da im Quellensande,

Liegt im heißen Sonnenbrande
Und im Tau der kühlen Nacht.

Fanden ihn des Feldes Hirten,
Als es war am vierten Tage.
Eilten in die dunkeln Wälder,
Eilten in die finstern Schluchten:
»Die ihr flohet in die Wälder,
Die ihr flohet ins Gebirge,
Als der Venezianer Fackeln
Auf Stavilas Dächer fielen,
Eilt herbei! – An jener Eiche
An der Quelle bei Stavila
Könnt ihr schauen einen Leichnam!
Ist der Venezianerhauptmann,
Dessen Boote an den Küsten
Unsers Meers auf Beute lauschten!
Ist der böse Venezianer,
Der mit seinen Schandgesellen
Uns die Herden fortgetrieben,
Der die Töchter uns geschändet,
Der die Söhne uns geknechtet,
Der die Hütten uns verbrannt!
Eilt herbei! – Im heißen Sande
Liegt er da in seinem Blute,
Liegt allein, und seine Rotten
Flohen weithin übers Meer!«

Also ruft die Schar der Hirten
In die Wälder, in die Schluchten.
Die es hörten, die da kamen,
Um den Leichnam an der Quelle
Steh'n sie alle nun im Kreise.
Jeder kennt ihn, den Verhassten,
Jeder freut sich seines Falles,
Freier atmet jede Brust.

Und so steh'n sie rings im Kreise,
Graben eine tiefe Grube,

Wohl drei lange Klafter[1] tief,
Und verscharren drin die Leiche
Des gehassten Venezianers.
Und, o Wunder, schattig wieder
Grünt der Eiche welkes Laub,
Kühlend, wie in frühern Tagen,
Fließt die Quelle klar und rein!

Aber einer fehlt im Kreise,
Wird kein Aug' ihn wiedersehen!
Volle, rote Rosen blühen
Bald aus seinem treuen Herzen,
Daran kein Vampir mehr nagt;
Schlanke Reben werden grünen
Bald um seine stille Klause,
Deren Frieden nichts mehr stört;
Eine stolze, kühne Eiche
Schattet bald sein Grab, darüber,
Hin sich dehnt ein freies Land.

Und auch eine fehlt im Kreise,
Freute sich mit euch wohl gerne!
Aber einsam muss sie sitzen
In der stillen, dunkeln Kammer.
Ihre schönen, schwarzen Augen,
Sie beweinen den Geliebten,
Ihre schönen, weißen Hände
Weben einen Witwenschleier.

[1] Altes Längenmaß, das in etwa der Spanne zwischen den ausgestreckten Armen eines erwachsenen Mannes entsprach. 1 Klafter = 6 Fuß ≈ 1,80–1,90 m.

Unbekannter Autor

Sechs moderne Romanzen

Vorwort

Wenn ich einst hinüberfahre,
Wenn sie mir den Dichterkranz
Legen auf die schwarze Bahre
Nächtlich bei der Fackeln Glanz:

Wann sie meiner liebsten Lieder
Liebstes singen zum Ade,
Wann sie senken still euch nieder,
Wo vergehet alles Weh; –

Mir auch hat in schönen Tagen,
So gedenk im Herzensgrund,
Mir auch hat dies Herz geschlagen,
Mir gesungen dieser Mund.

Mein im Leben war sein Lieben
Mein im Tode ist sein Ruhm,
Spiel hab' ich mit ihm getrieben,
Und vielleicht, ach, starb er drum,

Jammer kannst du doch den sparren[1],
Sprichst du etwa lachend so:
Einen Toren sie verscharren,
Ich bin seiner los und froh!

Um ein bisschen Schmerz und Schrecken
Erbte ich des Dichters Sang,
Den durch Spröde zu erwecken,
Mir zu seinem Ruhm gelang.

---

[1] Eine fixe Idee oder eine kleine Verrücktheit.

1.

Vor der schönen Frau, der Gräfin,
Lag der Dichter auf dem Knie:
»Bitte, Gnädige, um die Gnade,
Dass ich darf singen und lieben Sie!«

Und sie lächelt hold und herzig,
Beut[1] ihm ihre weiße Hand,
Hebt ihn vornehm auf und gnädig,
Und er küsst sie ihr galant.

Und an einem schönen Abend,
Als sie überkam die Lust,
Zog sie, ihn und sich erlabend,
Zärtlich ihn an ihre Brust.

Und er kam gar oft gegangen
Brachte stets ein heißes Lied,
Finster ward er nur empfangen,
Süß beurlaubt, wann er schied.

So in Hoffnung spann und Zweifel
Sie die Dichterseele ein,
Seine Ruhe war zum Teufel
Doch zum Lied ward seine Pein:

Und je heißer ward sein Werben,
Umso kälter ward Madame,
Und es rang das Herz des Sängers
Zwischen Stolz und zwischen Scham.

2.

Saß sie in der Ottomane[2],
Auf dem Schemel er zu Fuß,

[1] Alte Form von »bietet«.
[2] Eine Art von Sofa.

Und im Liede treue Huld'gung
Bracht' er ihr und Liebesgruß.

Sang von seiner Tage Härmen,
Sang von seiner Nächte Traum;
In Gedanken sie verloren,
Schien darauf zu hören kaum.

Zwang er sie, darauf zu hören,
Drückend mächtig ihre Hand,
Schlug sie auf in grelles Lachen,
Und sich spröde ihm entwand.

Und sie sagte dies und jenes,
Widersprechend allerlei,
Ihn verletzend und verhöhnend,
Und doch reizend ihn dabei.

Spielte lose Katzenspiele
Selber mit des Armen Herz,
Mäuslein waren die Gefühle
Ihrem unbarmherz'gen Scherz.

Sprach: »Ich liebe Ihre Dichtung,
Ja, sie ist mir angenehm,
Ihre Lieb' mir nicht zuwider,
Aber, Freundchen, – unbequem.«

3.

Doch daheim in seiner Kammer
Liegt der Dichter auf dem Knie,
Fleht zum Herrn in seinem Jammer:
»Sei barmherziger als sie!

Alles trägt mein stolzer Mannsinn,
Nur nicht Liebeshohn und Weh'n;
Gib den Tod mir oder Wahnsinn,
Lass nicht elend mich vergeh'n.«

Und er fühlt's, er will ihn retten:
Wie geschmolzen glühend Erz,
Kühl ins Erdreich ihn zu betten, –
Wogt im Busen ihm der Schmerz.

Aber singend muss er klagen
Wie die wunde Nachtigall,
Bis sein Herz hat ausgeschlagen,
Abgedrückt vom Leidenschwall.

Doch nur heimlich im Verderben
Singet er sein Klagelied,
Und sie soll es einstens erben,
Wenn er aus dem Leben schied.

Einmal noch vor seinem Ende
Will er schau'n ihr Angesicht,
Küssen ihre lieben Hände,
Und dann scheiden aus dem Licht.

4.

Saß sie in der Ottomane
Ihr die Zofe vis à vis,
Er umsonst bat: »O verbanne
Nur auf fünf Minuten sie.«

Bleicher werdend, immer bleicher,
Er erzählte lächelnd ihr:
»Kennen Sie, Madame, die Sage
Vom blutsaugenden Vampir?

O sie ist gar schauerlieblich!
Nächtlich von der Lieb' erweckt
Steigt der Tote aus dem Grabe …
Hab' ich etwa Sie erschreckt?

Und er kömmt zu der Geliebten,
Nicht anständig ist es just,

Und er saugt das Blut, das rote,
Aus der weißen, schönen Brust.

Jedes Herz wird, das gebrochen
In der Liebe tiefstem Weh,
Wird im Sarge noch befriedigt;
Aber nun, Madame, ade!«

Und sie beißt die Lipp' und lächelt,
Er im Schmerze stürzt hinaus,
Reuig hat sie nachgerufen,
Doch ist er schon aus dem Haus.

5.

In dem Erker steht die Gräfin,
Kömmt vorbei ein Leichenzug,
Und im laubbekränzten Sarge
Man hinaus den Dichter trug.

Schwarz die weißen Fackeln qualmten,
Und des Sängers weichster Sang
Aus dem Chor der treuen Freunde
An das Ohr der Liebsten klang:

»Alles, alles geht vorüber,
Ob es herb war oder süß,
Und wir gehen auch vorüber,
Nur nicht Schuld und Nemesis[1].«

Vor des Grafenhauses Schwelle
Aus dem Sarge tropfte Blut;
»Ist er denn ermordet worden?«,
Frug das Volk mit wehem Mut.

Zitternd auf die Fensterbrüstung
Stützt die stolze Gräfin sich,

[1] Hier: ausgleichende Gerechtigkeit.

Fühlte heißen Schmerzes Regung
In der Brust tief innerlich.

Doch sie trocknet schnell die Augen,
Fasst und richtet sich empor
Und spricht lächelnd zu der Zofe:
»Ja, er war ein edler Tor!«

6.

Ach, warum mit bangem Zagen
Ging zu Bett die Gräfin heut?
Kaum hat's Mitternacht geschlagen,
Grell es im Klosette[1] schreit.

Und die Zofe stürzt ans Bette,
Und die Gräfin redet irr,
»Ja, er ist bei mir gewesen
Als blutsaugender Vampir.«

Und am wundenlosen Busen
Zeigt das Hemd sie, rot vom Blut,
Schwer ermattet, wie ein marmorn
Bildnis sie im Kissen ruht.

»Wahrheit ist in Dichters Lieben,
Wahrheit ist in Dichters Sang;
Welcher Schreck- und Freudenwechsel
Eine kurze Stunde lang!

Was der Tote sich erzwungen,
Hätt's dem Leben ich gewährt,
Ach, wir könnten selig beide
Wandeln über diese Erd'.« –

Hört, dem Manne wächst im Grabe
Sieben Tage noch der Bart,

[1] Gemeint ist hier die Bettstatt mit zugezogenen Vorhängen.

Sieben Tage litt die Gräfin,
Bis sie ihm vereinigt ward.

Heinrich Heine

Helena

Du hast mich beschworen aus dem Grab
Durch deinen Zauberwillen,
Belebtest mich mit Wolllustglut –
Jetzt kannst du die Glut nicht stillen.

Press deinen Mund an meinen Mund,
Der Menschen Odem ist göttlich!
Ich trinke deine Seele aus,
Die Toten sind unersättlich.

Heinrich Heine

Die Beschwörung

Der junge Franziskaner sitzt
Einsam in der Klosterzelle,
Er liest im alten Zauberbuch,
Genannt »Der Zwang der Hölle«.

Und als die Mitternachtsstunde schlug,
Da konnt' er nicht länger sich halten,
Mit bleichen Lippen ruft er an
Die Unterweltsgewalten.

»Ihr Geister! Holt mir aus dem Grab
Die Leiche der schönsten Frauen,
Belebt sie mir für diese Nacht,
Ich will mich dran erbauen.«

Er spricht die grause Beschwörungswort,
Da wird sein Wunsch erfüllet.
Die arme verstorbene Schönheit kommt
In weißen Laken gehüllet.

Ihr Blick ist traurig. Aus kalter Brust
Die schmerzlichen Seufzer steigen.
Die Tote setzt sich zu dem Mönch,
Sie schauen sich an und schweigen.

August von Heyden

Der Vampir und die Kamarilla[1]

Die sonnenheißen Zonen,
    Wo jeder Nordwind schweigt,
Will der Vampir bewohnen,
    Der arge Tücke zeigt.
Leis fliegt er hin und wieder
    Dem Schläfer ins Gemach
Und lässt sich auf ihm nieder.
    Der Schläfer wird nicht wach.

An seinen Busen legt er
    So schwanenweich sich an,
Mit leisen Schwingen regt er
    Die Kühlung sanft ihm an.
Wenn jener selbstvergessen
    Schwelgt in des Traumes Lust,
Saugt der Vampir indessen
    Blut ihm aus heißer Brust.

Und der Vampir in Eile
    Flieht, wenn er voll und satt.
Schläfer erwacht derweile,
    Findet sich krank und matt.
Fürsten auf weicher Stätte
    Schleifen so sorglos gern;
Doch ihrem Purpurbette
    Bleibt der Vampir nicht fern.

Die Kamarilla pfleget
    Dann gleich bereit zu sein,
Wehet herbei und leget
    Sich in das Bett hinein,

[1] Ursprünglich die »private Kammer« des spanischen Königs; später synonym für eine Günstlingspartei, die aus eigenen Interessen Einfluss auf einen Herrscher ausübt.

Süß schmeichelnd hinzusinken
   Auf des Gebieters Brust
Und gierig wegzutrinken
   All seine Kraft mit Lust.

Wenn ihn zuletzt erwecket
   Sturm und des Donners Ton,
Ist der Vampir erschrecket
   Zeitig davon gefloh'n,
Und der Verrat'ne findet
   Dann sich verlassen, schwach.
Ehrfurcht des Volks verschwindet,
   Das seine Schwüre brach.

Fürsten, in eurem Walten
   Folgt man euch stolz und gern,
Nur wollt euch wach erhalten,
   Weil der Vampir nicht fern.
Schließt ihm die Fensterscheibe,
   Wachsam mit Aug' und Ohr;
Aber der Wahrheit bleibe
   Weit auf des Schlosses Tor.

Robert Hartmann

Der Vampir

Ein Fragment

Es mahnt sein widriges Gekreische
Die Vögel, zu sein auf der Hut;
Ihn lüstet nicht nach eurem Fleische,
Ihn lüstet nach eurem Blut.

Zwar ist er nicht der Lüfte König,
Den Adler erreicht nicht sein Flug;
Doch was er hat an Kraft zu wenig,
Ersetzt er mit Geilheit und Trug.

Ein Gräuel ist ihm alles Singen,
Die Lerche ist ihm verhasst;
Er liebet nur klassische Phrasen,
In rhythmisch Geschnatter gefasst.

Charles Baudelaire

Der Vampir

Die du mit jähem Messerstich
In meines Herzens Stöhnen drangest,
Die du in grausem Wahne mich
Wie ein Dämonenheer bezwangest,

Bis du erniedrigt meinen Geist
Zu deiner Wohnung, deinem Bette,
Weil du mich dir ergeben weißt
Wie den Verbrecher seiner Kette,

Wie keuchend zu entrinnen sucht
Dem Spiel der Spieler, dem Gebote
Des Weins der Trunkne, wie der Tote
Dem Fraße: Sei verflucht, verflucht!

Den scharfen Dolch auf dich zu zücken,
Begehrte ich in meiner Schmach
Und flehte zu des Giftes Tücken,
Weil es mir selbst an Mut gebrach.

Doch wehe! Gift und Dolchesschneide,
Sie sprachen: Nein, du bist nicht wert
Der Hilfe in der Knechtschaft Leide,
Das selbstgeschaffen dich verzehrt.

Betörter! Wenn auch unser Mühen
Die Last des Vampirs von dir hebt,
Er würde dennoch neu belebt
Von deiner Küsse irrem Glühen.

Charles Baudelaire

Die Verwandlung des Vampirs

Das Weib mit rosigem Mund begann den Leib zu recken,
Wie sich die Schlange dreht auf heißem Kohlenbecken,
Und in den Schnürleib[1] fest die Brüste eingezwängt,
Sprach diese Worte sie, von Moschus[2] ganz durchtränkt:
»Mein Mund ist rot und feucht, und auf des Lagers Kissen
Kann alle Tugend ich und alle Weisheit missen.
Die Tränen trockne ich auf meines Busens Pracht,
Mach' Alte fröhlich, wie man Kinder lachen macht.
Wer ohne Hüllen schaut des nackten Leibes Wonnen,
Dem ist der Mond verlöscht und Himmelswelt und Sonnen!
Ich bin, mein Weiser, so geübt in Wollustglut,
Dass tödlich fast dem Mann wird der Umarmung Wut,
Und wenn ich meinen Leib den Küssen überlassen,
Die frech und schüchtern mich und zart und roh erfassen,
Dann über meinem Pfühl[3], der sich vor Wonne bäumt,
Ohnmächtiger Engel Schar von meinen Reizen träumt.«

Nachdem aus dem Gebein sie mir das Mark gesogen,
Dreht' ich mich matt zu ihr, von Liebe hingezogen,
Um sie zu küssen, doch nichts hat mein Aug' entdeckt,
Als einen leeren Schlauch, besudelt und befleckt!
Ich schloss die Augen schnell, gepackt von kaltem Grauen,
Und öffnete sie dann, beim hellen Licht zu schauen:
An jener Puppe Statt, die neben mir geruht,
Und die zu strotzen schien von Leben, Kraft und Blut,
ein zitterndes Skelett, verwirrter Knochen Trümmer,
Daraus ein Stöhnen klang wie Wetterhahns Gewimmer,
Wie eines Schildes Schrei, das in den Angeln kracht,
Wenn es der Windstoß dreht in stürmischer Winternacht.

---

[1] Veraltet für »Korsett« oder »Mieder«.

[2] Inhaltsstoff/Duftstoff von Parfümen mit süßlicher Note; hier vermutlich im übertragenen Sinn gemeint.

[3] Veraltet für »Kissen«.

Adolf Schults
Flatternder Vampir

Flatternder Vampir,
Sorge mit Namen,
Der du allnächtlich
Saugest mein Blut!
Schone der Gattin,
Schone der Kindlein,
Flattre vorüber,
Tückische Brut!

Flatternder Vampir,
Sorge mit Namen,
Lange schon hausest
Du mir am Dach!
Dünkt meine Wange
Denn noch zu rot dir?
Wann, o wann endlich
Lässest du nach?

Flatternder Vampir,
Sorge mit Namen,
Der du allnächtlich
Saugest mein Blut!
Schone der Gattin,
Schone der Kindlein,
Denn sie sind schuldlos,
Tückische Brut!

Nicolai Baumbach

Der Vampir

Es schimmern die Lichter im gräflichen Schloss,
Es kamen viel Gäste zu Wagen und Ross,
Es tönen die lustigsten Reigen.
Der Becher, er kreiset, es schäumet der Wein,
Im Taumel scheint alles versunken zu sein,
Die Ritter den Frau'n sich verneigen.

Die Tochter des Hauses, so bleich und so schön,
Soll heut mit dem Liebsten zum Traualtar gehn,
Der Graf sitzt ihr schmachtend zur Seite.
Sie flüstern so leis, sie flüstern so sacht,
Der Bräutigam manchmal dazwischen lacht
Und schauet dann ernst in die Weite.

»Was quält dich, Geliebter? Sei fröhlich doch heut'!
Zu traurigem Sinnen ist jetzund nicht Zeit,
Die Gäste, sie werden dir grollen.«
Drauf er: »O Liebchen, es sagt ja mein Blick,
Wie tief in dem Herzen ich trage mein Glück!«,
Und greift nach dem Becher, dem vollen.

»Fein Liebchen, wirst heute ergeben dich mir,
So tu denn Bescheid aus dem Kelchglase hier
Und folg in die Kammer, die stille.«
Und ob sie sich sträubet, er fasst ihre Hand,
Er flehet und bittet, von Liebe entbrannt;
Da beugt sich der schwankende Wille.

Wohl harret der Priester, die Gäste zumal,
Im kerzenerleuchteten, prächtigen Saal,
Da sitzen sie bange und schweigen.
Der Bräutigam fehlet, es fehlet die Braut,

Und draußen erhebt sich der Donner so laut,
Verstummt sind die lustigen Reigen. –

Und plötzlich erschallt durch die Zimmer ein Ton,
Entsetzen fasst alle, und auf und davon
Entfliehen die Gäste zur Stunde.
Und wie man erbrochen des Brautgemachs Tür,
Lag bleich und entseelet die liebliche Zier,
Im Nacken die blutige Wunde.

Rudolf von Feistmantel

Der Vampir

Strömen süße Balsamdüfte
Aus des Urwalds tiefer Nacht,
Leise schwebend durch die Lüfte
Der Vampir die Runde macht.

Weh' dem Schläfer auf der Matte,
Der in Träumen sorglos ruht,
Dass die Nacht sein Aug' beschatte
Müde von des Tages Glut.

Bald wird der Vampir umschweben,
Lächelnd kühlen seit Gesicht,
Saugt dabei sein Blut und Leben,
Und der Schläfer fühlt es nicht.

Also wiegt auf Traumeswellen
Mich mit sanftem Flügelschwung,
Saugt an meinen Herzensquellen
Der Vampir Erinnerung.

Georg Belly / Carl Löffler

Vampir-Lied[1]

Wenn Dunkelheit um Mitternacht
Rings liegt auf Wald und Auen,
Kriecht aus dem Grab der Vampir sacht,
Verbreitet Angst und Grauen.

Im Antlitz ist er bleich wie Schnee,
Es blitzen seine Augen.
Und weiter hat er kein Metier,
Als andre auszusaugen.

Er drängt sich in die Häuser ein
Und ruiniert die Leute,
Und Alt und Jung und Groß und Klein,
Fällt elend ihm zur Beute.

[1] Es handelt sich um eines der Musikstücke aus der von Georg Belly und Carl Löffler verfassten Vaudeville-Burleske *Guten Abend, Herr Fischer! oder Der Vampir.*

Hans Herrig

Vampir

I

Die Engel küssen kalt wie Eis,
Ich aber küsste wie Flammen heiß:
Weil ich wie Flammen wollte lieben,
Ward ich vom Himmel fortgetrieben.

Der Engel ewiger Choral
Ward mir zuletzt zur bittern Qual;
Sie sitzen da mit frommen Flügeln. –
Ich aber konnte mich nicht zügeln!

Der Heil'gen Seele dort vergisst,
Was unten sie gewesen ist;
Auf meinem Antlitz stand's zu lesen,
Dass ich ein liebend Weib gewesen.

Sei, holde Erdenlust, gegrüßt,
Die meine schmachtende Lippe küsst!
Weit lieber ich hier die Sterne sehe,
Als wie dort oben, aus der Nähe.

Vergönnt zwar ist mir nur die Nacht;
Muss, wenn der helle Tag erwacht,
Ins dunkle Grab zum Moder kriechen,
Um der Verwesung Pest zu riechen.

Auf meinem Grabe steht kein Stein,
Am Kreuzweg scharrten sie mich ein;
Kein Stein ist da, worauf geschrieben,
Dass ich gestorben an meinem Lieben.

Doch wollt ihr schau'n das Monument,
Das euch mein bitt'res Leiden nennt,
Sucht es im stolzen Herrengebäude:
Es ist ein funkelndes Bild der Freude.

Es ist ein Mann, der mich vergisst,
Es ist ein Weib, das er liebend küsst,
Es ist eine junge, glückliche Ehe,
Das Angedenken an all mein Wehe!

II

O schlummre, schlummre, falscher Mann!
Ich liebte nicht zum Scherz!
Nun saug' ich von deinem Blute voll
Mein leeres Schattenherz.

So lange trank ich kalte Luft
Und eklen Grabesdunst,
Nun lösch' ich in deinem roten Blut
Die durstige Liebesbrunst.

O Quelle der Lebendigkeit,
Fließ tief in mich hinein!
Einst schwurst du treue Liebe mir,
Nun ist dein Herzblut mein!

III

Ich bleibe bleich und du wirst bleicher,
So werden wir alle Tage gleicher,
Du wandelst umher als wie ein Schemen,
Dein junges Weib muss sich heimlich grämen.

Ich aber, ach! Ich kann ihn nicht mäß'gen,
Den Schattenhunger, den gefräß'gen,

Und bis gebrochen deine Augen,
Muss ich von deinem Blute saugen.

Umschnüren möcht' ich deine Kehle,
Dass nimmer entwiche deine Seele,
Denn wenn sie's tut, wenn sie entwichen,
Ist meine Erdenzeit verstrichen.

Weil ich nichts wusste, als dich zu lieben,
Ward ich vom Himmel fortgetrieben:
Die in mir loderten, die Flammen,
Sie schlagen dann über mir zusammen.

Adolf Friedrich von Schack

Dolores

Tiefer fliegt die Sommerschwalbe;
Vor dem Wetter zucken matt,
Längs der Uferbäume, falbe
Blitze hin von Blatt zu Blatt.

Und, aus tausend Kelchen stäubend,
Wallt der Nachtviolen Duft,
Der Jasmine, sinnbetäubend,
Durch die atemschwere Luft.

O, ich fühl's! Mein Herz umstricken
Will noch mächtiger als je
Das verzehrende Entzücken
Von zuvor, das sel'ge Weh;

Fühle, dass in Geist und Sinnen
Neu der alte Rausch mir gärt,
Wie, da du mir, Weib, tief innen
An des Lebens Mark gezehrt.

Ist der Arm noch nicht vermodert,
Der sich heiß um meinen wand?
Nicht der Lippen Glut verlodert,
Die auf meinen oft gebrannt?

Wieder deine schwarzen Augen
Seh' ich flammen über mir;
Aus dem Grab, mein Blut zu saugen,
Steigst du nächtlich als Vampir.

Felix Dahn

Der Vampir

Ach, so gerne gleich den andern Toten hielt' ich Grabesruh,
Doch mich treibt der Fluch zu wandern ewigem Verderben zu.

Liegt im blauen Mondenscheine friedlich aller Gräber Zahl –
Unterm schweren Marmorsteine reißt mich auf die heiße Qual.

Und mir wachsen dunkle Flügel und mir wächst der heiße Sinn,
Rastlos über Tal und Hügel reißt mich das Verlangen hin.

Wo in schwülen Liebesträumen süß die schöne Braut sich wiegt,
Dahin ohne Ruh' und Säumen leis der dunkle Freier fliegt.

Und zu ihren Häupten steh' ich – scheu verlischt der Ampel Licht –
Und aus Schmerz um sie vergeh' ich: – doch sie lassen kann ich nicht! –

Ja, ich weiß, mein Hauch ist Sterben, ja, ich weiß, mein Kuss ist Tod:
Dennoch drück' ich das Verderben auf die Lippen voll und rot.

Horch: ein Hahnenschrei! – Von hinnen! – Bleich und kalt das Mägdelein –
Aber ich – im Grab tief innen, über mir der Marmorstein!

Robert Hamerling

Nachtgespenster

Herbstlich saust der öde Nachtwind,
Und ich liege seufzend wach;
Unke ruft mich aus dem Weiher,
Eule setzt sich auf mein Dach.

Winter kommt, und mitternächtig
Kracht vom Schnee der Tannenwald,
Und aufs Herz mir legt der Nachtalb,
Sich in grauser Ungestalt.

Frühling wird's, an meinen Busen
Klopft der veilchenfrohe März,
Und die schönste der Empusen[1]
Lockt mich an ihr falsches Herz.

Sommer flammt, durch jede Türe
Tiefeinlullend schleicht die Glut,
Und der stillste der Vampire
Saugt mir aus das rote Blut.

---

[1] Empusa = weibliche Spukgestalt und Schreckgespenst der griechischen Mythologie.

Robert Hamerling
Nach Schönheit schmacht' ich …

Nach Schönheit schmacht' ich, geistverklärtem Reiz –
Da kommt – die Phorkyade[1], mich zu trösten.
Nach Liebe schmacht' ich, trauter Herzensliebe,
Da ruft Empusa[2] schmollend: »Undankbarer!
Du klagst, dass Lieb' dir fehlt? Bin ich nicht dein,
So gut wie jedes andern, der mir winkt?« –
Nach Güte schmacht' ich, heil'ger Seelenmilde,
Die Tau in meine heißen Wunden träufle –
Da hebt mit einem vorwurfsvollen Blick
Hart neben mir ihr Haupt Tisiphone[3]:
»Wie? Güte, sagst du, mangle deinem Leben,
Und meiner denkst du nicht, die dir so treu?«
Sie sprichts und wischt gekränkt sich eine Zähre[4]
Von ihren Wimpern mit der einen Hand,
Und mit der andern greift sie nach der Geißel,
Und ihre Schlangen zischen leis dazu …

---

[1] Die Phorkyaden (es gibt ihrer drei), auch Graien genannt, sind das personifizierte Alter in der griechischen Mythologie.
[2] Weibliche Spukgestalt und Schreckgespenst in der griech. Mythologie.
[3] Rachegöttin der Vergeltung und eine der drei Erinnyen (= Rachegöttinnen) aus der griech. Mythologie.
[4] Träne.

Richard Leander

Der Vampir

Was willst du an meinem Lager,
Geistergestalt, ernst und hager?
Dein Leib ist hoch und gewaltig,
Doch deine Stirn ist faltig,
Und deine Augen brennen
Gluten nimmer zu nennen.
Was beugst du zu mir dich nieder?
Jungfräulich sind meine Glieder!
Jungfräulich sind meine Sinne,
Lass mich, dass ich entrinne!
Ach – nicht kann ich! Wer bist du?
Mich mir selber entriss't du!

»Kann es dir nimmer sagen,
Würdest es nicht ertragen.«

Auf deine bleichen Wangen
Dunkel die Locken dir hangen.
Näher muss ich dir rücken,
Die kalte Hand dir zu drücken;
Berauschende Genüsse
Geben mir deine Küsse! –
Sage, wer bist du? Vor allen
Bin ich ja dir verfallen!

»Kann es dir jetzt nicht sagen,
Würdest es nicht ertragen.«

Wie meine Sinne sich drängen,
Deine Gluten mich sengen!
Umschlingend und umschlungen,
Von deinem Odem durchdrungen!
Meine Seele vom Herzensgrunde

Steigt empor mir zum Munde,
Mir vom Munde gerissen
Wird sie von deinen Küssen!
Willst du, dass ich verderbe?
Weh, ich sterbe, ich sterbe! –

»Trugst du nicht Begehren,
Meinen Namen zu hören?
Weißt du, wer da gehet,
Von Bann und Fluch umwehet,
Von grausem Verhängnis getrieben,
Ein Henkeramt zu üben? –
In der Nacht, im Morgengrauen
Muss ich die Häuser beschauen,
Betrachten die Träumerinnen
In den duftigen Kammern drinnen,
Bis dass ich eine finde,
Die Flammen mir entzünde,
Dass ich um Liebe werbe
Und die Liebste selbst verderbe.
Ach, unsägliche Schmerzen
Bereitend dem eigenen Herzen!
Mich hältst du, den Mann des Leides,
Winter und Sommer, beides
Bin ich zugleich; die Blüten
Brech' ich, die mir erglühten …
Soll ich noch mich nennen?
Wirst mich nun wohl kennen.
Sonnen- und Mondenschimmer
Wird dich laben nimmer;
Keines Mannes Rechte
Glättet dir je die Flechte.
Dein Licht ist bald verglommen,
Dein Tag hat Ende genommen.«

Er sah sie an mit Harme,
Er nahm sie auf seine Arme.
Ihr sterbend Haupt hing nieder,
Es sanken die Augenlider.

Rückwärts auf die Dielen
Die bleichen Arme fielen.
Der Decke weiße Falte
Schlug er um die Kalte
Und rückte zurecht das Kissen.
Er glättete still beflissen
Der Haare braune Welle –
Und schritt hinaus die Schwelle.

Jakob Miller

Der Vampir

Ferne an des Urwalds Rande,
Wo sich weite Schluchten dehnen,
Wo im wilden Tropenlande
Farnumwuchert Höhlen gähnen,
Schwirret in dem Palmenhaine
Bei des Monds kristallnem Scheine
Beutegierig, Rach' besaitet,
Ein Geschöpf, das Blut vergeudet;
Darum, Wand'rer, rat ich dir:
Hüte dich vor dem Vampir!
Denn er saugt verwegen schnelle
Aus des zarten Saftes Welle,
Macht dich elend, macht dich matt,
Eilst nicht mehr zur nächsten Stadt.

Grausam ist oft die Natur –
Siegen muss drum die Kultur,
Dass die holden Ziegen grasen,
Lämmlein auch, die weißen Dinger,
Dann erkennt man auf dem Rasen
Ew'ger Schönheit zarten Finger.

Karl Bleibtreu
Schutzengel

Drei Geister nahten diese Nacht,
Die trübe sinnend ich durchwacht.
Mein innres Aug' sah Visionen.
Sie thronen nicht im Sternenzelt:
Sie sind Geschöpfe dieser Welt,
Die als Schutzengel sie bewohnen.

Der erste Geist am Lager stand,
Schwarz war sein Haar und sein Gewand,
Und sprach mit monotonem Laute:
»Ich bin der Trost für jeden Schmerz,
Das Herz ich weise himmelwärts,
Das auf der Falschheit Schwüre baute.

Bin Vampir, der aus wunder Brust
Zwar saugt das Blut der Lebenslust,
Doch auch fortfächelt alle Leiden;
Bin Stab, der zur Erkenntnis führt,
Doch welken macht, was er berührt –
Ich bin die Mutter dieser beiden.«

Sie wies auf jene andern zwei.
Vortrat die Zweite stolz und frei
Mit festem herrschaft-sicherm Tritte.
Sie prahlte nicht mit Prunkgeschmeid,
Nur einen Spiegel hielt die Maid
Und neigte sich in stummer Bitte.

»Erwähle mich!«, so rief sie hell.
»Wir kennen uns ja lang, Gesell,
Ich kann dir mehr als jene geben.
Bereitet sie dich vor zum Tod,

So lehre ich trotz aller Not
Dich tugendhaft und glücklich leben.

Wenn Sinnlichkeit dich unterjocht,
Wenn dir's im Busen kocht und pocht,
Ergreife meine kühle Rechte!
In meinem Spiegel man erkennt,
Mit meinem Messer man zertrennt
Der Leidenschaften Truggeflechte.«

Da schallte es wie Orgelklang,
Wie Äolsharfen, Sphärensang.
Es schwebte in der andern Mitte
Mit Engelsflügeln, goldnem Haar,
Mit Sternenaugen süß und klar
Im Regenbogenkleid die Dritte.

Sie säuselte mit Silberton:
»Errietest du die andern schon?
Die Einsamkeit, so heißt die eine.
Die andre heißt Philosophie.
Ich herrsche mit der zweiten nie,
Wohl mit der ersten im Vereine.

Ich bin der Schönheit bester Teil.
Trifft mich des Grames giftiger Pfeil,
Sing' ich noch süßre Schwanenlieder.
Ich schütte Blumen auf die Gruft,
Ich stürze aus bewölkter Luft
Als Blitzstrahl der Begeistrung nieder.

Ich wetterleuchte rings umher;
Und wie die Perle schläft im Meer,
Birgt mich des Herzens tiefste Kammer.
Bin Taube, die den Ölzweig bringt;
Bin Regenbogen, der sich schlingt
Versöhnend ob der Sündflut Jammer.

Sieh hier mein Diadem: Zumal
Ein Sonnen- und ein Mondenstrahl
Dafür mir schenkten ihr Gefunkel.
Denn wie die Sonne leite ich
Und sanften Zauber spreite ich
Dem Mond gleich übers Lebensdunkel.

Wir wissen nichts, stets weicht zurück
Die Wahrheit vor des Forschers Blick,
Fata Morgana täuscht so sinnig –
Schau hier in meines Schildes Rund:
Dort spiegeln wider, reich und bunt,
Sich alle Lebensfarben innig.

Mit dieser Mischung reinstem Strahl
Mal' ich das Luftschloss Ideal.
Ich bin auch deines Lebens Leuchte.
Ich bin die Muse Poesie.«
Die Visionen schwanden, wie
Mein Auge sank, das tränenfeuchte.

Otto Julius Bierbaum
Vampir

Im hellen Herbstwald auf buntem Laub waren wir wie Kinder und küssten uns unschuldig in linder Liebe.

Bubenmädel, Bubenmädel, wie lachten deine Augen, die hellen, braunen, wie lag dein liebes Köpfchen so leicht auf dem Laube, und leicht auch lagen meine Lippen auf deinen.

Aber die Nacht kam auf Katzenpfoten, die schwarze, schwere, schweigende Nacht, und schwül war's im Zimmer. Das gelbe Licht der schwebenden Lampe lag wie leuchtender, feuchter Nebel über dem Raum, und deine Augen fragten ängstlich aus dem gelben Dämmer.

Braune, brütende, unselige Augen. In ihnen braute, tief unten, tief, brodelnder giftiger Gischt.

Oh du, du, du!

Und über dich hin warf mich die Wut der Liebe.

Und unsre Lippen lasteten aufeinander, wie alle schmerzlichen, sehnsuchtschmachtenden Sünden zweier Sterne, die sich im wirbelnden Weltall treffen und klagegellend sich umklammern.

Oh du, du, du!

Und meine Augen gruben sich in deine, und meine Arme wanden sich um deinen Leib wie Raubtierpranken; und es stöhnte deine Brust, und deine Augen irrten wie verflogene Tauben.

Sie suchten den hellen Herbstwald und die Kindheit unsrer Liebe im bunten Laube.

Und fanden nicht und wurden schmerzenstarr und höllebrünstig heiß und hackten in mein Herz wie schwarze Adlerschnäbel.

Oh du!

Oh du!

Matt sank mein Haupt dir in den Schoß. Du bebtest.

Dann sprachst du leise wirre Worte und weintest.

Und deine Augen wurden wieder hell.

Weißt du es wohl, was zwischen uns geschehn?

Der Hass hat uns gepaart in wildem Kampf, der Hass von Mann zu Weib und Weib zu Mann, die heiße Gier, sich einzusaugen das fremde Herz und jeden Tropfen Blutes und jeden Atemzug.

Mein Herz und dein Herz haben sich geschaut im Kampfe, und kämpfend sich durchdringend sind sie in Eins geflossen.

Du bist nun ich, doppelt ist meine Seele.

Ich habe das Weib erkannt.

Richard Dehmel
Bastard

Nun weißt du, Herz, was immer so
in deinen Wünschen bangt und glüht,
wie nach dem ersten Sonnenschimmer
die graue Nacht verlangt und glüht,
und was in deinen Lüsten
nach Seele dürstet wie nach Blut
und was dich jagt von Herz zu Herz
aus dumpfer Sucht zu lichter Glut.

In früher Morgenstunde
hielt heut mein Alb mich schwer umstrickt:
aus meinem Herzen wuchs ein Baum,
o wie er drückt! und schwankt und nickt;
sein seltsam Laubwerk tut sich auf,
und aus den düstern Zweigen rauscht
mit großen heißen Augen
ein junges Vampirweib – und lauscht.

Da kam genaht und ist schon da
Apoll im Sonnenwagen;
es flammt sein Blick den Baum hinan,
die Vampirbraut genießt den Bann
mit dürstendem Behagen.
Es sehnt sein Arm sich wild empor,
vier Augen leuchten trunken;
das Nachtweib und der Sonnenfürst,
sie liegen hingesunken.

Es presst mein Herz die schwere Last
der üppigen Sekunden,
es stampft auf mir der Rosse Hast –
er hat sich ihr entwunden.
Schon schwillt ihr Bauch von seiner Frucht,

hohl fleht ihr Auge: Bleibe!
Er stößt sie sich vom Leibe,
von Ekel zuckt des Fußes Wucht,
hin rast des Wagens gold'ne Flucht.

Es windet sich im Krampfe
und stöhnt das graue Mutterweib,
mit ihren Vampirfingern gräbt
sie sich den Lichtsohn aus dem Leib,
er ächzt – ein Schrei – Erbarmen: Ich.
mich hält der dunkle Arm umkrallt,
da bin ich wach – – doch hör' ich,
wie noch ihr Fluch und Segen hallt:

Drum sollst du dulden dies dein Herz,
das so von Wünschen bangt und glüht,
wie nach dem ersten Sonnenschimmer
die graue Nacht verlangt und glüht,
und sollst in deinen Lüsten
nach Seele dürsten wie nach Blut
und sollst dich müh'n von Herz zu Herz
aus dumpfer Sucht zu lichter Glut!

Richard Dehmel

Nun krümmt das welke Laub …[1]

Nun krümmt das welke Laub sich sacht zum Falle;
nun bringt's die lange verhüllten Früchte alle
in Feld und Garten voll zu Ehren.
Die Eberesche schwenkt die hundert schweren
hochroten Büschel kühn vorm Ziegeldache.
Nur des Hollunders purpurschwarze Beeren
betrauern sich am dunkelgrünen Bache,
zu dem sie lastend niederschwellen.
Ein Mann verfolgt die Bilder in den Wellen:

Eins greift ins andre – keins ruht – nichts ruht –
o hilf ein Ziel seh'n! – Wie's lockt, wie's warnt, dies Drängen!
Es bringt kein Glück, du, still Brust an Brust zu hängen;
so trieb's die Tote – das fraß an ihrem Blut.
Ich war ihr Vampir. Du wirst der meine,
wenn ich noch länger in dir ruh.
Schon immer bannender werfen deine
Augen mir ihre Blicke zu.
Dann kreist die Welt mir, als will sie mich befreien,
als sind auch wir nur einsam zu zweien.

Im dunkeln Wasser kreist Bild in Bild.
Er fasst das Weib an, wie innerst aus den Gleisen.
Sie neigt sich zu ihm, muttermild:

Du Ungestümer – so lass die Welt doch kreisen –
sie kreist durch mich wie dich; was wehrst du ihr!
Bald wirst du dankbar das Wunder preisen,
dass dir die Tote aufersteht in mir.
O du! Wie lag ich einst voll Grauen,

[1] Das vorliegende Gedicht hat keinen eigenen Titel. Es handelt sich um einen Auszug aus dem Verswerk *Zwei Menschen*, und da um den Abschnitt *Dritter Umkreis: Die Klarheit, Vorgänge 3, 13.*

vom Geist der Unterwelt durchwütet;
da lehrtest du mich, ihm vertrauen,
der Lust wie Leid zur Reife brütet.
Nun sieh, wie dort ums Dach die Früchte lachen,
rot uns ins Herz, still wirkende Gebote!
Heute fühlst du nur das Rote;
morgen wirst du froh erwachen.

Leis umweht ihr Haar ihm Bart und Wangen.
Zwei Menschen seh'n die Welt gen Himmel prangen.

Richard Dehmel
Venus Homo

Nun weißt du, Herz, was immer so
in deinen Wünschen bangt und glüht,
wie nach dem ersten Sonnenschimmer
die graue Nacht verlangt und glüht;
und was in deinen Lüsten
nach Seele dürstet wie nach Blut
und was dich jagt von Herz zu Herz
aus dumpfer Sucht zu lichter Glut.

In früher Morgenstunde
hielt heut ein Alb mich schwer umstrickt:
Aus meinem Herzen wuchs ein Baum,
o wie er drückt! Und schwankt! Und nickt!
Sein seltsam Laubwerk tut sich auf,
und aus den düstern Zweigen rauscht
mit großen heißen Augen
ein junges Vampirweib – und lauscht.

Da kam genaht und ist schon da
Apoll im Sonnenwagen.
Es flammt sein Blick den Baum hinan;
die Vampirbraut genießt den Bann
mit dürstendem Behagen.
Es sehnt sein Arm sich wild empor,
vier Augen leuchten trunken;
das Nachtweib und der Sonnenfürst,
sie liegen hingesunken.

Es presst mein Herz die schwere Last
der üppigen Sekunden.
Es stampft auf mir der Rosse Hast;
er hat sich ihr entwunden.
Schon schwillt ihr Bauch von seiner Frucht,

hohl fleht ihr Auge: Bleibe!
Er stößt sie sich vom Leibe,
von Ekel zuckt des Fußes Wucht,
hin rast des Wagens gold'ne Flucht.

Es windet sich im Krampfe
und stöhnt das graue Mutterweib.
Mit ihren Vampirfingern gräbt
sie sich den Lichtsohn aus dem Leib.
Er ächzt – ein Schrei – Erbarmen –: Ich,
mich hält der dunkle Arm umkrallt!
Da bin ich wach – – doch hör' ich,
wie noch ihr Fluch und Segen hallt:

Drum sollst du dulden, Mensch, dein Herz,
das so von Wünschen bangt und glüht,
wie nach dem ersten Sonnenschimmer
die graue Nacht verlangt und glüht;
und sollst in deinen Lüsten
nach Seele dürsten wie nach Blut
und sollst dich müh'n von Herz zu Herz
aus dumpfer Sucht zu lichter Glut!

– –

Seltsam: Plötzlich ist mein Keller,
ist mein ganzes Bett verdunkelt,
während jeder Stern noch heller
über jenen Häusern funkelt.

An der Straße steh'n wie Schemen,
steh'n erloschen die Laternen.
Soll ich's mir als Zeichen nehmen?
Ja, als Zeichen von den Sternen!

Wie nach wilder Flucht ein Höhlentier,
wie einst David nachts vor Saul verborgen,
so voll Himmelshoffnung wart ich hier,
so voll Bangen auf den Morgen.

Denn ich fühl's, ich muss sie wiederseh'n –
doch ein Zaudern, das ich kaum begreife,
raunt in mir: Dann muss sie vor dir steh'n
als die Wissende, die reife …

Eduard Stucken
Die Vampirkatze

Von allen Frauen
in Japans Gauen,
die Wangen und Brauen
sich malen, war so
nie eine berückend,
die Männer entzückend
und jeden beglückend
wie Otojó.
Zehn Stunden im Bette,
zehn bei der Toilette,
mit Schminke, Palette
erstaunlich geschickt;
auf Ärmeln und Schößchen
und auf den Höschen
trug sie Röschen
in Seide gestickt.

Das holde Wunder
im bunten Plunder
entflammte wie Zunder
das Herz dem Schogun[1].
Und sang sie mit Scherzen
zur Laute in Terzen,
so saß er bei Kerzen
des Nachts, statt zu ruh'n.
Ihr Flöten und Klimpern,
ihr Lispeln und Zimpern,
ihr Malen der Wimpern
verzauberte ihn.
So kam's zur allmählichen
Brautschaft: Sie eh'lichen

---

[1] Der Shogun war bis ins 19. Jahrhundert der Anführer des japanischen Militärs.

wollt' er, dem schmählichen
Teehaus entzieh'n.

Ein Monat mocht' seit
dem Tage der Hochzeit
entfloh'n sein … »Wer pocht? Seid
ihr's, Schwestern mein?«
Sie saß grad beim Spiegel
mit Pinsel und Tiegel.
Nun schiebt sie den Riegel –
ein Kätzchen schlüpft ein.
Ein weißes Kätzlein
mit Sammettätzlein.
»Herein, mein Schätzlein,
mich störst du nicht!«
Und wieder nach Pinseln
und Schminkegerinseln
greift sie, als ein Winseln
sie jach[1] unterbricht.

Die Katze sitzt da
am Fenster verschmitzt da,
ihr Auge blitzt da
lichterloh.
Aus voller Lunge
faucht sie, zum Sprunge
bereit auf die junge
Otojó.
Ein Winseln quetscht ihr
Hals aus, sie fletscht ihr
vom Fensterbrett stier
die Zähnereih',
wild kreischend, sich reckend,
die Krallen vorstreckend …
Otojó will, erschreckend,
an ihr vorbei.

[1] Jäh.

Sie möchte von hinnen
und kann nicht entrinnen –
was soll sie beginnen
im Augenblick?
Da springt die Katze
mit einem Satze,
als wär's eine Ratze,
ihr ans Genick.
Aufgellend kreischt sie,
den Hals zerfleischt sie,
ihr Herzblut heischt sie
träufelnd so rot.
Sie saugt, diese Brut aus
der Hölle, ihr Blut aus
und lässt ihre Wut aus
an ihr, bis sie tot.

Drauf packt sie die Leiche
und trägt die Bleiche
hinaus zum Teiche
im Walde, und
Gestein, das sie findet,
nimmt sie und umbindet
den Leib, dass er schwindet
im Wellengrund.
Durch Zaubergewalt dann
nimmt sie die Gestalt an
Otojós. Aus dem Wald dann
tritt sie heraus.
Abwechselnd lächelnd,
mit Hofdamen hechelnd
und stets sich fächelnd
kehrt sie nach Haus.

Es stürzen mit fixen
Kratzfüßen und Knicksen
vor ihr augenblicks hin
die Bonzen aufs Knie.
Doch von dem Gescheh'nen,

vom Blut und den Tränen
weiß niemand. Sie wähnen,
die Herrin sei sie.
Der Fürst begrüßt sie,
er streichelt und küsst sie.
Sie tut, als müsst' sie
vor Liebe vergeh'n.
Sie zeigt ihre Zähnchen
und lüpft ihre Strähnchen
und lässt ihr Mähnchen
im Winde sich bläh'n.

Sie flüstert ins Ohr dem
Gemahl; und der Tor, dem
sie schöner als vordem
erscheint, geht ins Garn.
Sie weiß, ihn zu rühren
mit Liebesschwüren
und ganz zu verführen
den armen Narr'n,
so dass er ihr Sklav' wird,
im Wachen und Schlaf irrt,
wie Herden ein Schafhirt
ihr folgt fortab.
Und sie, die Vampirin,
lockt ihn zur Tür hin
des Schlafgemachs, – für ihn
ein frühes Grab.

Sie lullt ihn in Schlummer
und küsst ihn darum mehr,
weil er von Kummer
nichts ahnt und Tod.
Kaum schläft er, so kreischt sie,
den Hals zerfleischt sie,
sein Herzblut heischt sie
träufelnd so rot.
Sie saugt, diese Brut aus
der Hölle, sein Blut aus

und lässt ihre Wut aus
an ihm jede Nacht;
doch sitzt sie lächelnd,
mit Hofdamen hechelnd,
im Bette, sich fächelnd,
sobald er erwacht.

Sein Teint wird blasser,
sein Auge voll Wasser,
bei Hof raunt man's, dass er
aschfahl im Gesicht.
Man ruft nach Ärzten;
die allergelehrt'sten
erraten den Schmerz, den
er leidet, nicht.
Doch forschen sie, fragen,
beraten sich, sagen:
Sein Wohlbehagen
gefährde ein Alb[1].
Nachdem sie die Sache
geprüft, wird die Wache
vor seinem Gemache
postiert deshalb.

Nun naht alle Nächte
mit offener Flechte[2]
im Nachtkleid die Schlechte
gespensterhaft
und tritt fein lächelnd,
mit Hofdamen hechelnd
und stets sich fächelnd
zur Wachtmannschaft.
Sie hat einen Krug mit
mit Wein und genug mit,
um alle mit Lug, mit
Betrug zu beschrei'n;
sie lädt mit Winken

[1] Albtraum, Nachtschreck.
[2] Zopf.

und Blinzeln zum Trinken,
und alle sie sinken
in Schlaf durch den Wein.

Ins Schlafzimmer schlüpft sie,
die Laken lüpft sie,
ins Bett zu ihm hüpft sie
wie liebedurchloht;
und gellend kreischt sie,
den Hals zerfleischt sie,
sein Herzblut heischt sie
träufelnd so rot.
Sie saugt, diese Brut aus
der Hölle, sein Blut aus
und lässt ihre Wut aus
an ihm jede Nacht;
doch flieht sie jetzt immer
beim Frühmorgenschimmer;
und leer ist das Zimmer
sobald er erwacht.

Die Kunde vom quälend
unheilbaren Elend,
das langsam entseelend
des Schoguns Herz bricht,
vernahm auch ein alter
Soldat, ein Schildhalter,
dem Reichsverwalter
ergeben und schlicht.
Dem lässt es nicht Ruhe,
er leert seine Truhe,
besohlt sich die Schuhe
und wandert zur Stadt.
Durch Freunde zettelt
er's an und erbettelt
sich Zutritt: Am Bett hält
er Wacht früh und spat.

Er nimmt, um noch besser
zu wachen, ein Messer
und stößt sich's, indes er
dort wartet, ins Knie;
er wühlt und zerschindet
sein Fleisch und verwindet
den Schmerz, und ihm schwindet
Bewusstsein nie.
Im Dunkel der Nächte
mit offener Flechte
naht jetzt die Schlechte
gespensterhaft.
Sie tritt fein lächelnd,
mit Hofdamen hechelnd
und stets sich fächelnd
zur Wachtmannschaft.

Sie hat einen Krug mit
mit Wein und genug mit,
um alle mit Lug, mit
Betrug zu beschrei'n,
sie lädt mit Winken
und Blinzeln zum Trinken,
die andern sinken
in Schlaf durch den Wein.
Nur er, der eine,
verschluckt nichts vom Weine, –
das Messer im Beine
hält wach seinen Mut.
Den Trunkenen spielt er …
Versteckt jedoch hielt er
ein Schwert; und schon zielt er
nach ihr voll Wut.

Zum Kranken schlüpft sie,
die Laken lüpft sie,
ins Bett hinein hüpft sie
von Liebe durchloht;
und gellend kreischt sie,

den Hals ihm zerfleischt sie,
sein Herzblut heischt sie
träufelnd so rot.
Sie saugt, diese Brut aus
der Hölle, sein Blut aus
und sieht doch so gut aus,
so sanft, – müd der Not …
Ein Schwerthieb durchfliegt da
die Luft. Sie verfliegt da
als Spuk. Und es liegt da
ein Kätzchen tot.

Eduard Stucken

Demi-Vierge[1]

Tief in des Sessels Maroquin[2]
den Kopf gedrückt, lauscht er versunken.
Sie spielt den Cis-Moll-Walzer von Chopin.
Durchsichtig milchweiß ist ihr Teint,
ihr Mund von Küssen bleichgetrunken.

Doch plötzlich bricht sie ab im Spiel;
und Droschkenrasseln, Tramwayklingeln[3]
dringt durch die Plüsch-Portieren ein. Es fiel
das Dämmerlicht auf ihr Profil,
um das sich gold'ne Locken ringeln.

Sie schweigen lang. Das erste Wort
spricht er (ihm zittern matt die Lippen):
»Wir wollen Abschied nehmen! Lass mich fort!
Es ist ja deiner Seele Mord,
wenn wir so an der Sünde nippen!

Das ist kein Glück, das ist die Pein
für dich und mich! Wir kreuzigen kläglich
uns selbst, indem wir unser Fleisch kastei'n.
Wir blieben standhaft zwar, – allein
wir sterben in der Folter täglich.

Wir hatten nicht den Heldenmut,
der Sünde ins Gesicht zu blicken.
Und da in unsern Adern siedend Blut,
versuchten wir, die Höllenglut
in keuschen Küssen zu ersticken.

---

1 Halbjungfrau; so bezeichnet man eine junge Frau, die zwar schon erste zarte sexuelle Kontakte hatte, aber noch keinen echten Geschlechtsverkehr.
2 Sehr feines, weiches Leder, auch Saffian oder Marokkoleder genannt.
3 Klingeln der Straßenbahn.

In Küssen voll geheimem Hass,
mit Lippen, die von Tränen rinnen –
verderbter als ein Sündenkuss war das!
Die Glut losch nicht im Tränennass,
die Flammen schlugen nur nach innen.

Die Sünde rächt sich, wenn mit ihr
gespielt wird, wie wir's tun, wir beiden:
Sie wird zum Vampir! Ich durchbleiche dir
den Mund mit meiner Lippen Gier.
Dein Fluch bin ich. Drum lass uns scheiden.«

Er schweigt. Sie starrt ihn trostlos an,
und, statt der Antwort, schweigend knüpft sie
das Kleid auf an der Brust so schnell sie kann,
auch das Korsett löst sie, und dann
das Hemd an ihren Brüsten lüpft sie.

Und zeigt die Brüste ihm. Und laut,
als ob ihn Wahnsinn packe, schreit er.
Zerfressen sind die Brüste, die er schaut,
zerfetzt von Krebs die weiße Haut,
das Spitzenhemd durchsickert Eiter.

»Begreifst du's nun, mein armes Lieb«,
spricht sie, »was ich gelitten habe?
Warum dein Werben unerwidert blieb?
Geh und vergiss mich und vergib, –
ich liege ja so bald im Grabe!«

Leo Sternberg

Die Genusssucht

Ein Vampir krallte sich fest an mein Herz
In einem unseligen Traum;
Es schwelgte in meinem heißen Blut
Sein sinnengierlechzender Gaum'.

Er sog meine reine Liebe an,
Und im Taumel wehrt' ich's ihm kaum. –
Ich dank's meinem Glück, nicht meiner Kraft,
Dass zerstört der unselige Traum.

Ich will nicht an ihn erinnert sein,
Vergessen hält Lust nur im Zaum;
Seine Kralle war samten, sein Biss war süß,
Es war ein unseliger Traum.

Hanns von Gumppenberg

Vampire

Bangen nicht könnt' mir vor jenen Vampiren,
Die, wie gespenstische Sagen wollen,
Nächtens im Schlaf uns beschleichen sollen,
Weil sie nach unserem Herzblut gieren.

Munter führ' ich aus Traumesbanden,
Spürend den Anhauch der feindlichen Fratze –
Und mit der immer bereiten Tatze
Schlüg' ich das Spukgezücht lachend zuschanden!

Aber es wollen an unserem Blute
Auch noch ganz andere Dürster sich letzen[1],
Harmlos am Tag, die wir achten und schätzen,
Wundervoll freundliche, liebe und gute.

Unsere Wohlfahrt betonen sie immer,
Wissen auch selbst nichts von ihrem Willen:
Aber wir sollen auch sie nur stillen,
Und sie saugen nur zehnmal schlimmer.

Wehe dem Gläubigen, der sich nicht wehrte!
Langsam wird all seine Kraft ihm entzogen,
Bis er, ums Beste des Daseins betrogen,
Närrisch noch segnet, was ihn verzehrte.

[1] Sich laben, erquicken.

Anhang

Von einigen in diesem Band abgedruckten Texten existieren – wie zum Teil bereits in den Fußnoten angemerkt – auch mal mehr, mal weniger veränderte Varianten, von denen im Folgenden einige vorgestellt werden sollen:

Wilhelm August Wohlbrück
Die Arie des Vampirs

Ha! Ha! Welche Lust! Ha, welche Lust!
Ha! Welche Lust, aus schönen Augen
An blühender Brust
Neues Leben
In wonnigem Beben,
Ha, neues Leben
In wonnigem Beben,
Mit einem Kusse in sich zu saugen! –
Ha! Welche Lust,
In liebendem Kosen,
Mit lüsternem Mut
Das süßeste Blut,
Wie Saft der Rosen,
Von purpurnen Lippen
Schmeichelnd zu nippen! –
Und wenn der brennende Durst sich stillt,
Und wenn das Blut dem Herzen entquillt,
Und wenn sie stöhnen voll Entsetzen,
Haha! Welch Ergötzen! Welch Ergötzen!
Welche Lust! Ha, welche Lust! –
Mit neuem Mut, mit neuem Mut
Durchglüht mich ihr Blut;
Ihr Todesbeben ist frisches Leben! –
Armes Liebchen, bleich wie Schnee,

Tat dir wohl im Herzen weh! –
Ach, einst fühlt' ich selbst die Schmerzen
Ihrer Angst im warmen Herzen,
Das der Himmel fühlend schuf.
Mahnt mich nicht in diesen Tönen,
Die den Himmel frech verhöhnen,
Ich verstehe euren Ruf!

Ha! Ha! Welche Lust! Ha, welche Lust!
Ha, welche Lust, aus schönen Augen,
An blühender Brust neues Leben
In wonnigem Beben,
Ha, neues Leben
In wonnigem Beben
Mit einem Kusse in sich zu saugen. –
Ha, welche Lust, in liebendem Kosen,
Mit lüsternem Mut
Das süßeste Blut,
Wie Saft der Rosen,
Von purpurnen Lippen
Schmeichelnd zu nippen,
Schmeichelnd, schmeichelnd zu nippen! –
Und wenn der brennende Durst sich stillt,
Wenn dann das Blut dem Herzen entquillt,
Und wenn sie stöhnen voll Entsetzen, haha!
Haha! Ha! Welch Ergötzen!
Ha, welche Lust! Ha, welch Ergötzen!
Ha, welche Lust! Ha, welche Lust! Haha!
Und wenn sie stöhnen voll Entsetzen,
Ha, welch Ergötzen, welche Lust!
Und wenn der brennende Durst sich stillt,
Wenn das Blut dem Herzen entquillt,
Und wenn sie stöhnen voll Entsetzen,
Haha, haha, welche Lust!
Wenn sie stöhnen voll Entsetzen,
Welch Ergötzen, welch Ergötzen, welche Lust!

Rochus Otto Manderup Heinrich zu Lynar

Vampire[1]

Was schwirrt, was rauscht durch die ächzende Luft
In ernster Mitternachtsstunde?
Auf flattert es da aus verfallener Gruft,
Nun schwärmt's in weiter Runde.
Vampire sind's! Im Mondenschein
Entfliegen sie gerne dem Leichenstein.

Sie dürsten nach süßem, nach schäumendem Blut;
Und weckt sie die mondliche Helle,
Auf rauscht die gespenstig geflügelte Brut
Und sucht nach der purpurnen Quelle. –
Vernehmt nun, wie in dem Ungarland
Einst dies blutdürstige Untier entstand.

Es wohnte in jenem verfallenen Schloss
Ein Fräulein von reizender Schöne;
Umlagert war sie vom Freiertross
Der edelsten Ungarlandssöhne,
Doch reichte sie keinem den bräutlichen Strauß,
Und alle gingen verhöhnt nach Haus.

Da kommt ein Ordensritter dahin,
Er will in der Burg sich erquicken.
Wie pocht ihm das Herz, wie schwindelt sein Sinn,
Als schlau ihn die Reize umstricken
Der holden Wirtin! Es weilt der Gast,
Von glühender Liebe urplötzlich erfasst.

Und wahrlich, Elfriede war engelschön,
Ein Himmel im Aug' ihr zu lesen;
Wer mocht' in den lieblichen Zügen erspäh'n

[1] Die Ballade ähnelt in weiten Teilen der in der *Abend Zeitung* vom 28. April 1828 abgedruckten anonymen Fassung (siehe S. 157). Ob es sich dabei um eine frühere Fassung des gleichen Autors handelt oder der Dichter doch ein älteres Werk plagiierte, ist derzeit unklar.

Der Seele trügerisch' Wesen?
Ihr listig lügender Liebesblick,
Er zog ihn an, er hält ihn zurück.

Bald reißt er das Kreuz sich von klopfender Brust,
Denn sie hat ihm Liebe geschworen;
Er wird sich des irdischen Himmels bewusst,
Und den ewigen gibt er verloren.
Er lebt nur für sie, er betet sie an,
Ihm donnert vergebens der Ordensbann.

Da trifft auch ihn ihr vernichtender Spott,
Und lächelnd spricht sie: »Herr Ritter,
Nun gehabt Euch wohl und versöhnt Euch mit Gott
Und büßt im Kerkergegitter;
Elfriede war ein zu hohes Ziel,
Und was Euch beglückte, kurzweiliges Spiel.«

Dem Ritter, vernehmend dies Donnerwort,
Versinken in Nacht die Sinne;
Bald will er sich rächen durch grausamen Mord,
Bald verachten die treulose Minne;
Doch endlich löst sich in Gram sein Schmerz,
Der ihm zermalmet das Felsenherz.

Die Scham zernagt ihm die innerste Kraft,
Durchsticht alle Lebensgetriebe;
So sinkt er, verzehrt von Leidenschaft,
Zusammen, ein Opfer der Liebe.
Da bricht ihm das Herz, das so stürmisch schlägt,
Und der Jüngling wird in das Grab gelegt.

Als die Mitternacht summte vom Kirchenturm,
Kommt, durstig, ein Vampir geflogen;
Ihn scheucht nicht der Regen, der heulende Sturm,
Noch hat er sich satt nicht gesogen.
Im Schloss ist ein reizendes Kämmerlein,
Da flattert er leise zum Fenster hinein.

Elfriede ruht auf dem Lager so mild,
Sanft atmend, die Lider geschlossen;
Der Unschuld, der Liebe verführerisch' Bild,
Vom Zauber der Jugend umflossen.
Wie heimlich und still! – Nur das Lämpchen ist wach;
Der Bräutigam schlüpft in das Brautgemach.

Und flattert um das reizende Bild,
So lüstern in zitternder Helle;
Da wird er von Lieb' und Wut erfüllt,
Er ahnet die purpurne Welle,
Drin seine Sehnsucht nun schwelgen kann:
Jetzt Vampir, Vampir, sauge dich an!

Und in die wallende Lilienbrust
Still wollüstig hat er gebissen,
Nun schlürft er das Blut, in gierigster Lust
Das herrliche Weib zu genießen.
Saugt blässer und blässer ihr Rosengesicht,
Bis langsam ihr schlummerndes Auge bricht.

Da grämt sich der Vampir nicht länger allein,
Sein Weibchen hat er gefunden;
Nun schwärmen sie im Mondenschein,
Vereint in gespenstigem Bunde,
Und suchen nach Beute, nach purpurnem Blut,
Zu kühlen den Durst sehnsüchtiger Wut.

Feodor Löwe

Der Vampir

Es ist der Dichter ein Vampir,
Der aus dem Reich der Schatten taucht
Und mit der heftigsten Begier
Das eig'ne warme Herzblut saugt.

Er nähret sich von seinem Schmerz,
Es ist der Tränen Salz sein Mahl;

Und wenn ihm blutend zuckt das Herz,
Dann letzt er sich an seiner Qual.

Durch Steppen streift er, durch den Wald,
Durch wirtlos Heideland und Moor
Und ruft aus Kluft und Felsenspalt
Die bösen Geister all' hervor.

In luft'ger Elfen nächt'gen Tanz,
In ihre buntgemischten Reih'n,
Als wär' er selbst nur Duft und Glanz,
Mischt er sich sinnberauscht hinein.

Ihn freut das tobende Gewühl,
Das flammend seine Brust durchzieht,
Denn jedes streitende Gefühl
Erschafft in ihm ein neues Lied.

Und was er denkt, er singt es fort
In seines Dranges wilder Glut,
Und weiß nicht, dass ein jedes Wort
Ein Tropfen ist von seinem Blut.

Die Autoren

Leider war es nicht möglich, zu allen in der vorliegenden Publikation vertretenen Autoren weiterführende Informationen zu erhalten.

Heinrich August Ossenfelder (1725 bis 1801)
war ein deutscher Beamter, Schriftsteller und Dichter. Sein im vorliegenden Band abgedrucktes Gedicht gilt derzeit als das frühste literarische Werk zum Thema Vampirismus, in dem auch der Begriff Vampir auftaucht. Es galt zu seiner Zeit als »sehr anstößig«.

Gottfried August Bürger (1747 bis 1794)
war ein deutscher Dichter der Sturm-und-Drang-Epoche während der Zeit der Aufklärung. Bekannt ist er vor allen für seine Balladen – besonders die hier auch abgedruckte *Lenore* – sowie *Die Abenteuer des Freiherrn von Münchhausen*.

Johann Wolfgang von Goethe (1749 bis 1832)
war ein deutscher Dichter der Literaturepoche des Sturm und Drangs, der deutschen Klassik und auch Naturforscher. Er gilt als einer der bedeutendsten Dichter deutscher Sprache und war der Verfasser von zahlreichen Balladen und Gedichten, Dramen, Novellen, Romanen sowie auch autobiografischen, kunst- und naturwissenschaftlichen und literaturphilosophischen Schriften.

Samuel Taylor Coleridge (1772 bis 1834)
war ein englischer Dichter der Zeit der Romantik. Er gehörte zu den sogenannten *Lake Poets*, einer kleinen Gruppe von Dichtern, die sich im Lake District von Cumberland niedergelassen hatten.

Johann August Apel (1771 bis 1816)
war ein deutscher Schriftsteller und Jurist. Neben Dramen ist er vor allem für seine Schauergeschichten bekannt; besonders die Novelle *Der Freischütz*. Er war Mitherausgeber vom damals sehr populären *Gespensterbuch*.

A. Bode (tätig im frühen 19. Jahrhundert).
Über den Autor konnten während der Arbeit am vorliegenden Band keine weiteren Informationen gefunden werden.

Lord Byron, eigentl. George Gordon Noel Byron, 6. Baron Byron (1788 bis 1824)
war ein englischer Dichter der Zeit der Romantik. Er gehörte zu den wichtigsten Vertretern dieser dichterischen Strömung.

John Keats (1795 bis 1821)
war ein englischer Dichter der Zeit der Romantik. Er gehörte zu den wichtigsten Vertretern dieser dichterischen Strömung.

Adam Mickiewicz (1798 bis 1855)
war ein polnischer Dichter der Romantik und gilt heute als einer ihrer bedeutendsten Vertreter.

Arthur vom Nordstern, eigentl. Gottlob Adolf Ernst von Nostitz und Jänkendorf (1765 bis 1836)
war ein deutscher Politiker, der sich nebenbei auch als Dichter betätigte und dadurch auch überregional Bekanntheit erlangte.

Novalis, eigentl. Georg Philipp Friedrich von Hardenberg (1772 bis 1801)
war ein deutscher Dichter und Schriftsteller der Frühromantik und Philosoph.

Prosper Mérimée (1803 bis 1870)
war ein französischer Schriftsteller und Politiker.

Wilhelm August Wohlbrück (1795 bis 1848)
war ein deutscher Schauspieler und Librettist. Er verfasste vier Libretti für Opern seines Schwagers Heinrich Marschner, von denen einige auch weltweite Erfolge feierten.

Cäsar Max Heigel (1783 bis 1847)
war ein deutscher Schauspieler; Lyriker und Librettist.

J. Huber (tätig in der 1. Hälfte des 19. Jahrhunderts).
Über den Autor konnten während der Arbeit am vorliegenden Band keine weiteren Informationen gefunden werden.

Rochus Otto Manderup Heinrich zu Lynar (1783 bis 1847)
war ein deutscher Politiker und nebenbei als Verfasser von Dramen und Gedichten tätig.

Abraham Emanuel Fröhlich (1796 bis 1865)
war ein Schweizer Theologe, Pädagoge und Schriftsteller.

Karl Heinrich Wilhelm Wackernagel (1806 bis 1869)
war ein Schweizer Germanist, Kunst- und Kulturhistoriker, der sich nebenbei auch der Dichtkunst widmete.

Ignaz Hub (1810 bis 1880)
war ein deutscher Dichter, Redakteur und Herausgeber. Einige seiner Veröffentlichungen erschienen unter dem Pseudonym Frank von Steinach.

Lothar (tätig in der 1. Hälfte des 19. Jahrhunderts).
Über den Autor konnten während der Arbeit am vorliegenden Band keine weiteren Informationen gefunden werden, außer dass er wohl eine Zeitlang in Prag lebte.

Franz Ludwig Feodor Löwe (1816 bis 1890)
war ein deutscher Schauspieler und Dichter.

Ludwig August Frankl, eigentl. Ludwig August Ritter von Frankl-Hochwart (1810 bis 1894)
war ein deutsch-böhmischer Arzt, Journalist und Schriftsteller. Schon während seines Medizinstudiums fand er mit seinen ersten veröffentlichten Dichtungen Aufmerksamkeit.

Siegfried Kapper (1725 bis 1801)
war ein deutsch-böhmischer Arzt, Schriftsteller und Übersetzer. Einige seiner Veröffentlichungen erschienen unter dem Pseudonym (Dr.) Rakonitzky.

Heinrich Heine, eigentl. Christian Johann Heinrich Heine (1797 bis 1856)
war ein deutscher Dichter, Schriftsteller und Journalist. Er gilt als einer der bedeutendsten deutschsprachigen Autoren des 19. Jahrhunderts.

August von Heyden, eigentl. August Jakob Theodor von Heyden-Nerfken (1827 bis 1897)
war ein deutscher Maler, Karikaturist, Politiker und Dichter. Er gehörte zu den Mitbegründern des Märkischen Provinzial-Museums Berlin, dem heutigen Geschichtsmuseum der Stadt.

Robert Hartmann (tätig Mitte des 19. Jahrhunderts).
Über den Autor konnten während der Arbeit am vorliegenden Band keine weiteren Informationen gefunden werden. Das hier abgedruckte Gedicht entstammt seinen von ihm selbst im Vorwort so genannten Erstlingsversuchen.

Charles Baudelaire (1821 bis 1867)
war ein französischer Schriftsteller. Er gilt heute als einer der bedeutendsten französischen Dichter. Besonders sein Gedichtband *Les Fleurs du Mal (Die Blumen des Bösen)* machte ihn weltbekannt.

Adolf Schults (1820 bis 1858)
war ein deutscher Dichter. In seinen Gedichten widmete er sich wiederholt auch sozialpolitischen Themen.

Karoline von Günderrode (1780 bis 1806)
war eine deutsche Dichterin aus der Zeit der Romantik. Ein Großteil ihrer Texte wurde erst posthum veröffentlicht.

Nicolai Baumbach (1831 bis 1904)
war ein baltischer Arzt und Politiker, der sich nebenbei auch der Dichtkunst widmete.

Rudolf von Feistmantel (1805 bis 1871)
war ein österreichischer Forstwissenschaftler, der sich nebenbei auch der Dichtkunst widmete.

Georg Friedrich Belly (1836 bis 1875)
war ein deutscher Schriftsteller, Komödiendichter und Librettist.

Carl Löffler (1821 bis 1874)
war ein deutscher Jurist, Redakteur, Schriftsteller, Mundartautor und Librettist.

Hans Herrig (1845 bis 1892)
war ein deutscher Journalist, Redakteur, Schriftsteller und Librettist.

Adolf Friedrich von Schack (1815 bis 1894)
war ein deutscher Jurist, Dichter, Kunst- und Literaturhistoriker.

Felix Dahn (1834 bis 1801)
war ein deutscher Rechtswissenschaftler, Schriftsteller und Historiker. Er gilt heute als der bekannteste Vertreter der Literaturgattung des sogenannten Professorenromans. Sein bekanntestes Werk ist der Roman *Ein Kampf um Rom*.

Robert Hamerling, eigentl. Rupert Johann Hammerling (1830 bis 1889)
war ein österreichischer Dichter und Schriftsteller. Er galt zu seiner Zeit als einer der meistgelesenen deutschsprachigen Autoren.

Richard Leander, eigentl. Richard Volkmann (1830 bis 1889)
war ein deutscher Chirurg und Hochschullehrer. Er gilt als Begründer der modernen Orthopädie. Darüber hinaus war er auch schriftstellerisch tätig und veröffentlichte unter dem Pseudonym Richard Leander eine Reihe von Dichtungen und Kunstmärchen. Während die meisten seiner literarischen Werke heute weitgehend vergessen sind, erfreut sich seine Märchensammlung *Träumereien an französischen Kaminen* bis heute großer Beliebtheit.

Jacob Miller (tätig in der 2. Hälfte des 19. Jahrhunderts)
war ein wohl deutsch-amerikanischer Autor, über den während der Arbeit am vorliegenden Band keine weiteren Informationen gefunden werden konnten.

Karl Bleibtreu (1859 bis 1928)
war ein deutscher Schriftsteller und Redakteur.

Otto Julius Bierbaum (1865 bis 1910)
war ein deutscher Journalist, Redakteur, Schriftsteller und Librettist. Einige seiner Veröffentlichungen erschienen unter den Pseudonymen Martin Möbius und Simplicissimus.

Richard Fedor Leopold Dehmel (1863 bis 1920)
war ein deutscher Dichter und Schriftsteller. In der Zeit vor dem Ersten Weltkrieg galt er als einer der bedeutendsten deutschen Lyriker seiner Zeit.

Eduard Stucken (1865 bis 1936)
war ein deutscher Schriftsteller sowie Kunst- und Kulturhistoriker. Heute ist er vor allem noch als Verfasser des Romans *Die weißen Götter* bekannt.

Leo Sternberg (1876 bis 1937)
war ein deutscher Schriftsteller, Dichter und Redakteur.

Hanns von Gumppenberg eigentl. Hanns Theodor Wilhelm Freiherr von Gumppenberg (1866 bis 1928)
war ein deutscher Dichter, Übersetzer, Kabarettist und Theaterkritiker. Für seine Veröffentlichungen benutzte er vielfach die Pseudonyme Jodok und Professor Immanuel Tiefbohrer.

Bibliografische Angaben

Heinrich August Ossenfelder
Der Vampir oder: Mein liebes Mägdchen glaubet
Erstveröffentlichung 1748 in: *Der Naturforscher. Eine physikalische Wochenschrift*, Achtundvierzigstes Stück, Leipzig, Sonnabend, den 25. des Mays, 1748
Der hier abgedruckte Text folgt, unter Verwendung der aktuellen Rechtschreibregeln, dieser Ausgabe.

Gottfried August Bürger
Lenore
Erstveröffentlichung 1793 in: *Musen Almanach A MDCCLXXIV*, Tübingen, in der J. G. Cottaischen Buchhandlung, 1794
Der hier abgedruckte Text folgt, unter Verwendung der aktuellen Rechtschreibregeln, dieser Ausgabe.

Johann Wolfgang von Goethe
Die Braut von Korinth
Erstveröffentlichung 1797/98 in: *Musen-Almanach für das Jahr 1798*, Tübingen, in der J. G. Cottaischen Buchhandlung, 1797/98
Der hier abgedruckte Text folgt, unter Verwendung der aktuellen Rechtschreibregeln, dieser Ausgabe.

Johann Wolfgang von Goethe
Der Totentanz
Geschrieben 1813 und 1815 veröffentlicht.
Der hier abgedruckte Text folgt, unter Verwendung der aktuellen Rechtschreibregeln, dem Nachdruck in: *Goethe's Werke*. Vollständige Ausgabe letzter Hand, Stuttgart und Tübingen, In der J. G. Cotta'schen Buchhandlung, 1828.

Novalis
Hinüber wall' ich
Erstveröffentlichung wahrscheinlich 1800 in: *Athenäum*, Dritten Bandes Zweites Stück, Berlin, bei Heinrich Fröhlich, 1800
Der hier abgedruckte Text folgt, unter Verwendung der aktuellen Rechtschreibregeln, dieser Ausgabe.

Samuel Taylor Coleridge
Christabel
Erstveröffentlichung 1816 in: *Christabel; Kubla Khan: A Vision; The Pains of Sleep*, London, John Murray Press, 1816
Übersetzt von Krantz

Der hier abgedruckte Text folgt, unter Verwendung der aktuellen Rechtschreibregeln, der Ausgabe: *Einige Dichtungen von Samuel Taylor Coleridge und Mstrs. Landon Maclean*, Danzig, Verlag von Fr. Sam. Gerhardt, 1839.
Ein spezieller Dank des Herausgebers für die Bereitstellung gilt der Coll. Et photogr. BNU de Strasbourg.

Karoline von Günderrode
Die Bande der Liebe
Geschrieben wahrscheinlich vor 1806
Der hier abgedruckte Text folgt, unter Verwendung der aktuellen Rechtschreibregeln, dem Nachdruck in: *Gesammelte Dichtungen*, Mannheim, Verlagsbuchhandlung von Friedrich Götz, 1857.

Karoline von Günderrode
Ein Kuss im Traume
Geschrieben wahrscheinlich vor 1806
Der hier abgedruckte Text folgt, unter Verwendung der aktuellen Rechtschreibregeln, dem Nachdruck in: *Gesammelte Dichtungen*, Mannheim, Verlagsbuchhandlung von Friedrich Götz, 1857.

Johann August Apel
Asvit und Asmund
Erstveröffentlichung wahrscheinlich 1811 in: A. Apel/F. Laun, *Gespensterbuch*, Zweites Bändchen, G. J. Göschen, Leipzig 1811
Der hier abgedruckte Text folgt, unter Verwendung der aktuellen Rechtschreibregeln, dieser Ausgabe.

A. Bode:
Der Hypochonder
Erstveröffentlichung wahrscheinlich 1811 in: *Zeitung für die elegante Welt*, Eilfter Jahrgang, 73, Freitags den 12. April, Leipzig, bei Georg Voß, 1811
Der hier abgedruckte Text folgt, unter Verwendung der aktuellen Rechtschreibregeln, dieser Ausgabe.

Lord Byron:
Der Giaur
Erstveröffentlichung in: *The Giaour. A Fragment Of A Turkish Tale*, London, John Murray, 1813
Deutsche Übersetzung von Joseph Emanuel Hilscher
Der hier abgedruckte Text folgt, unter Verwendung der aktuellen Rechtschreibregeln, der Ausgabe: *Joseph Em. Hilscher's Dichtungen. Originale und Uebersetzungen*, Pest, Verlag von Gustav Heckenast, 1840.

Lord Byron(?)
Die Ruine
Deutschsprachige Erstveröffentlichung wahrscheinlich 1825 in: *Wöchentliche Unterhaltung* Nr. 45 als Beilage zur Regensburger Zeitung 1825

Als aus dem Nachlass Lord Byrons stammend. Das englischsprachige Original konnte während der Vorbereitungen zu diesem Buch nicht gefunden werden. Der hier abgedruckte Text folgt, unter Verwendung der aktuellen Rechtschreibregeln, dieser Ausgabe.

John Keats
La Belle Dame sans Merci
Geschrieben 1819
Deutsche Übersetzung von Gisela Etzel
Der hier abgedruckte Text folgt, unter Verwendung der aktuellen Rechtschreibregeln, der Ausgabe: *John Keats Gedichte*, Leipzig, im Insel Verlag, o. J. [1910].

John Keats
Lamia
Erstveröffentlichung in: *Lamia, Isabella, the Eve of St Agnes and Other Poems*, London, Printed for Taylor and Hessey, 1820
Deutsche Übersetzung von Gisela Etzel
Der hier abgedruckte Text folgt, unter Verwendung der aktuellen Rechtschreibregeln, der Ausgabe: *John Keats Gedichte*, Leipzig, im Insel Verlag, o. J. [1910].

Adam Mickiewicz
Der Vampir *(Upiór)*
Erstveröffentlichung 1823 in: *Dziady*, Bd. 2
Aus dem Polnischen von Albert Weiß
Der hier abgedruckte Text folgt, unter Verwendung der aktuellen Rechtschreibregeln, der Ausgabe: *Balladen und Romanzen*, Druck und Verlag von Philipp Reclam jun., o. J. [wohl 1874].

Arthur vom Nordstern
Geister des Simplon
Erstveröffentlichung wahrscheinlich 1823 in: *Abendzeitung*, 116, Donnerstag, am 15. Mai 1823, Dresden, in der Arnoldischen Buchhandlung, 1823
Der hier abgedruckte Text folgt, unter Verwendung der aktuellen Rechtschreibregeln, dieser Ausgabe.

Prosper Mérimée
Die Vampirenbraut *(La belle Sophie)*
Erstveröffentlichung 1827 in: *La Guzla, ou Choix de poésies illyriques, recueillis dans la Dalmatie, la Croatie et l'Herzégovine*, Paris, Chez F. G. Levrault, rue de la Harpe, n.° 81; Et rue des Juifs, n.° 33, à Strasbourg, 1827
Deutsche Fassung von Wilhelm Gerhard
Der hier abgedruckte Text folgt, unter Verwendung der aktuellen Rechtschreibregeln, der Ausgabe: *Gedichte*, Vierter Band, *(Wila. Serbische Volkslieder und Heldenmärchen)*, Leipzig, Verlag von Joh. Ambr. Barth, 1828.

Prosper Mérimée
Der Zaghafte *(Jeannot)*
Erstveröffentlichung 1827 in: *La Guzla, ou Choix de poésies illyriques, recueillis dans la Dalmatie, la Croatie et l'Herzégovine*, Paris, Chez F. G. Levrault, rue de la Harpe, n.° 81; Et rue des Juifs, n.° 33, à Strasbourg, 1827
Deutsche Fassung von Wilhelm Gerhard
Der hier abgedruckte Text folgt, unter Verwendung der aktuellen Rechtschreibregeln, der Ausgabe: *Gedichte*, Vierter Band, *(Wila. Serbische Volkslieder und Heldenmärchen)*, Leipzig, Verlag von Joh. Ambr. Barth, 1828.

Prosper Mérimée
Die Beschwörung *(Constantin Yakubowitsch)*
Erstveröffentlichung 1827 in: *La Guzla, ou Choix de poésies illyriques, recueillis dans la Dalmatie, la Croatie et l'Herzégovine*, Paris, Chez F. G. Levrault, rue de la Harpe, n.° 81; Et rue des Juifs, n.° 33, à Strasbourg, 1827
Deutsche Fassung von Wilhelm Gerhard
Der hier abgedruckte Text folgt, unter Verwendung der aktuellen Rechtschreibregeln, der Ausgabe: *Gedichte*, Vierter Band, *(Wila. Serbische Volkslieder und Heldenmärchen)*, Leipzig, Verlag von Joh. Ambr. Barth, 1828.

Prosper Mérimée
Der Vampir *(Le vampire)*
Erstveröffentlichung 1827 in: *La Guzla, ou Choix de poésies illyriques, recueillis dans la Dalmatie, la Croatie et l'Herzégovine*, Paris, Chez F. G. Levrault, rue de la Harpe, n.° 81; Et rue des Juifs, n.° 33, à Strasbourg, 1827
Deutsche Fassung von Wilhelm Gerhard
Der hier abgedruckte Text folgt, unter Verwendung der aktuellen Rechtschreibregeln, der Ausgabe: *Gedichte*, Vierter Band, *(Wila. Serbische Volkslieder und Heldenmärchen)*, Leipzig, Verlag von Joh. Ambr. Barth, 1828.

Wilhelm August Wohlbrück
Die Arie des Vampirs
Erstausgabe 1828 in: *Der Vampyr. Romantische Oper*
Der hier abgedruckte Text folgt, unter Verwendung der aktuellen Rechtschreibregeln, der Ausgabe: *Der Vampyr. Romantische Oper in zwei Aufzügen*, Weimar, 1829.

Wilhelm August Wohlbrück *(im Anhang)*
Die Arie des Vampirs
Erstausgabe 1828 in: *Der Vampyr. Romantische Oper*
Der hier abgedruckte Text folgt, unter Verwendung der aktuellen Rechtschreibregeln, der Ausgabe: *Der Vampyr. Romantische Oper in vier Aufzügen*, Leipzig, Philipp Reclam jun., o. J.

Cäsar Max Heigel
Der Vampir
Erstveröffentlichung wahrscheinlich 1828 in: *Der Vampyr. Romantische Oper in drei*

Akten, nach Lord Byron's Dichtung, München, Gedruckt bei Franz Seraph Hübschmann, 1828
Der hier abgedruckte Text folgt, unter Verwendung der aktuellen Rechtschreibregeln, dieser Ausgabe.

Rochus Otto Manderup Heinrich zu Lynar
Die Vampiren
Erstveröffentlichung wahrscheinlich vor 1843
Der hier abgedruckte Text folgt, unter Verwendung der aktuellen Rechtschreibregeln, der Ausgabe: Fürst von Lynar, *Gedichte*, Leipzig, F. A. Brockhaus, 1843.

Wahrscheinlich Rochus Otto Manderup Heinrich zu Lynar *(im Anhang)*
Vampire
Erstveröffentlichung wahrscheinlich 1828 in: *Abend Zeitung* 102 vom 28. April 1828, Dresden und Leipzig, Arnoldische Buchhandlung, 1828
Der hier abgedruckte Text folgt, unter Verwendung der aktuellen Rechtschreibregeln, dieser Ausgabe.

Abraham Emanuel Fröhlich
Prinzen-Zucht
Erstveröffentlichung wahrscheinlich vor 1829
Der hier abgedruckte Text folgt, unter Verwendung der aktuellen Rechtschreibregeln, der Ausgabe: *Hundert neue Fabeln*, Zweite vermehrte Auflage, Aarau, Bei Heinrich Rimigiua Sauerländer, 1829.

Karl Heinrich Wilhelm Wackernagel
Der Vampir
Erstveröffentlichung 1821/32 in: *Musenalmanach für das Jahr 1832*, Dritter Jahrgang, Leipzig, Weidmann'sche Buchhandlung, o. J. [1831/32]
Der hier abgedruckte Text folgt, unter Verwendung der aktuellen Rechtschreibregeln, dieser Ausgabe.

Ignaz Hub
Der Vampir
Erstveröffentlichung wahrscheinlich 1833 in: *Lyra-Klänge*, Augsburg, Gedruckt bei J. C. Wirth, 1833
Der hier abgedruckte Text folgt, unter Verwendung der aktuellen Rechtschreibregeln, dieser Ausgabe.

J. Huber
Triolett
Erstveröffentlichung wahrscheinlich 1833 in: *Der Bazar für München und Bayern. Ein Frühstücks-Blatt für Jedermann und jede Frau*, Nro. 179, 2. August 1833, München (Verlag war nicht zu ermitteln)
Der hier abgedruckte Text folgt, unter Verwendung der aktuellen Rechtschreibregeln, dieser Ausgabe.

Lothar
Die Traumwunde
Erstveröffentlichung wahrscheinlich 1837 in: *Oesterreichischer Musenalmanach*, Wien, Carl Gerold'sche Buchhandlung sowie Dresden und Leipzig, Arnoldsche Buchhandlung, 1837
Der hier abgedruckte Text folgt, unter Verwendung der aktuellen Rechtschreibregeln, dieser Ausgabe.

Feodor Löwe
Der Vampir
Erstveröffentlichung wahrscheinlich 1838 in: *Ost und West. Blätter für Kunst, Literatur und geselliges Leben*, Nro. 5, 17. Januar, Prag, Druck und Verlag von J. Spurny 1838
Der hier abgedruckte Text folgt, unter Verwendung der aktuellen Rechtschreibregeln, dieser Ausgabe.

Feodor Löwe *(im Anhang)*
Der Vampir
Erstveröffentlichung wahrscheinlich 1838 in: *Ost und West. Blätter für Kunst, Literatur und geselliges Leben*, Nro. 5, 17. Januar, Prag, Druck und Verlag von J. Spurny 1838
Der hier abgedruckte Text folgt, unter Verwendung der aktuellen Rechtschreibregeln, der textlich später leicht veränderten Fassung in: Feodor Löwe, *Gedichte*, Stuttgart, Franckh'sche Verlagsbuchhandlung 1843.

Ludwig August Frankl
Vampir
Erstveröffentlichung wahrscheinlich 1840 in: *Gedichte*, Leipzig, F. A. Brockhaus, 1840
Der hier abgedruckte Text folgt, unter Verwendung der aktuellen Rechtschreibregeln, dieser Ausgabe.

Anonym
Vampir
Erstveröffentlichung wahrscheinlich 1845 in: *Münchener Conversationsblatt*, [Fortsetzung des *Theater-Katechismus*. Buchstaben V und W. Vampyr] 6. Jahrgang, No. 19, Samstag 8. März 1845
Der hier abgedruckte Text folgt, unter Verwendung der aktuellen Rechtschreibregeln, dieser Ausgabe.

Siegfried Kapper
Ein Vampir
Erstveröffentlichung wahrscheinlich 1848 in: *Bildersaal der Weltliteratur*, Stuttgart, Ad. Becher's Verlag, 1848
Der hier abgedruckte Text folgt, unter Verwendung der aktuellen Rechtschreibregeln, dieser Ausgabe.

Anonym
Sechs moderne Romanzen
Erstveröffentlichung wahrscheinlich 1851 in: *Unterhaltungs-Blatt für alle Stände*, Erster Jahrgang, No. 51, Mittwoch 24. Septr., München, Druck und Verlag von C. R. Schurich, 1851
Der hier abgedruckte Text folgt, unter Verwendung der aktuellen Rechtschreibregeln, dieser Ausgabe.

Heinrich Heine
Helena
Erstveröffentlichung wahrscheinlich 1852 in: *Neue Gedichte*, Hamburg, Hoffmann und Campe, 1852
Der hier abgedruckte Text folgt, unter Verwendung der aktuellen Rechtschreibregeln, dieser Ausgabe.

Heinrich Heine
Die Beschwörung
Erstveröffentlichung wahrscheinlich 1852 in: *Neue Gedichte*, Hamburg, Hoffmann und Campe, 1852
Der hier abgedruckte Text folgt, unter Verwendung der aktuellen Rechtschreibregeln, dieser Ausgabe.

August von Heyden
Der Vampir und die Kamarilla
Erstveröffentlichung wahrscheinlich 1852 in: *Gedichte*, Leipzig, Verlag von Friedrich Brandstetter, 1852
Der hier abgedruckte Text folgt, unter Verwendung der aktuellen Rechtschreibregeln, dieser Ausgabe.

Robert Hartmann
Der Vampir
Erstveröffentlichung wahrscheinlich 1853 in: *Gedichte*, Mainz, Bei Victor von Zabern, 1853
Der hier abgedruckte Text folgt, unter Verwendung der aktuellen Rechtschreibregeln, dieser Ausgabe.

Charles Baudelaire
Der Vampir *(Le Vampire)*
Erstveröffentlichung wahrscheinlich 1857 in: *Les Fleurs du Mal*, Paris, Poulet-Malassis et de Broise, Libraires-Éditeurs, 1857
Übersetzt von Paul Wiegler
Der hier abgedruckte Text folgt, unter Verwendung der aktuellen Rechtschreibregeln, der Ausgabe: *Baudelaire und Verlaine. Gedichte*, Berlin, B. Behr's Verlag (E. Book), 1900.

Charles Baudelaire
Die Verwandlung des Vampirs *(Les Métamorphoses du vampire)*
Erstveröffentlichung wahrscheinlich 1857 in: *Les Fleurs du Mal*, Paris, Poulet-Malassis et de Broise, Libraires-Éditeurs, 1857
Übersetzt von Terese Robinson
Der hier abgedruckte Text folgt, unter Verwendung der aktuellen Rechtschreibregeln, der Ausgabe: *Die Blume des Bösen*, München, Georg Müller Verlag, 1925.

Adolf Schults
Flatternder Vampir
Erstveröffentlichung vor 1857
Der hier abgedruckte Text folgt, unter Verwendung der aktuellen Rechtschreibregeln, der Ausgabe: *Gedichte*, Iserlohn, Dritte vermehrte Auflage, Julius Bädecker, 1857.

Nicolai Baumbach
Der Vampir
Erstveröffentlichung wahrscheinlich 1859 in: *Gedichte*, Mitau und Leipzig, G. A. Reyher's Verlagsbuchhandlung, 1859
Der hier abgedruckte Text folgt, unter Verwendung der aktuellen Rechtschreibregeln, dieser Ausgabe.

Rudolf von Feistmantel
Der Vampir
Erstveröffentlichung wahrscheinlich in: *Gedichte* von Med. Dr. Rudolf von Feistmantel, Prag, Mercy, 1863
Der hier abgedruckte Text folgt, unter Verwendung der aktuellen Rechtschreibregeln, dem Nachdruck in: *Blätter für literarische Unterhaltung* Nr. 45 vom 5. November, Leipzig, F. A. Brockhaus, 1863.

Georg Belly / Carl Löffler
Vampir-Lied
Erstveröffentlichung wahrscheinlich 1865 in: *Guten Abend, Herr Fischer! oder Der Vampir, Vaudeville-Burleske in 1 Akt*, Bühnen-Manuskript Verlag von Eduard Bloch; L. Lassar's Buchhandlung, o. J. [1865]
Der hier abgedruckte Text folgt, unter Verwendung der aktuellen Rechtschreibregeln, dieser Ausgabe.

Hans Herrig
Vampir
Erstveröffentlichung wahrscheinlich 1872/73 in: *Deutsche Dichterhalle*, Jahrgang 1873, Leipzig, Verlag von Johann Friedrich Hartknoch, 1872/73
Der hier abgedruckte Text folgt, unter Verwendung der aktuellen Rechtschreibregeln, dieser Ausgabe.

Adolf Friedrich von Schack
Dolores
Erstveröffentlichung vor 1883
Der hier abgedruckte Text folgt, unter Verwendung der aktuellen Rechtschreibregeln, dem Nachdruck in: *Gesammelte Werke des Grafen Adolf Friedrich von Schack.* In sechs Bänden. Vierter Band, Stuttgart, Verlag der J. G. Cotta'schen Buchhandlung 1883.

Felix Dahn
Der Vampir
Erstveröffentlichung wahrscheinlich 1875 in: *Deutsches Künstler-Album. Mit Beiträgen lebender Künstler und Dichter*, VIII., Düsseldorf, Verlag von Breidenbach und Comp., 1875
Der hier abgedruckte Text folgt, unter Verwendung der aktuellen Rechtschreibregeln, dieser Ausgabe.

Robert Hamerling
Nachtgespenster
Erstveröffentlichung wahrscheinlich 1875 in: *Über Land und Meer. Allgemeine Illustrierte Zeitung*, No. 7, Fünfunddreißigster Band, Achtzehnter Jahrgang, Erster Band, Stuttgart, Eduard Hallberger, 1875
Der hier abgedruckte Text folgt, unter Verwendung der aktuellen Rechtschreibregeln, dieser Ausgabe.

Robert Hamerling
Nach Schönheit schmacht' ich …
Erstveröffentlichung wahrscheinlich 1875 in: *Die Dioskuren. Literarisches Jahrbuch des ersten allgemeinen Beamten-Vereines der österreichisch-ungarischen Monarchie*, Vierter Jahrgang, Wien, In Comission der k. k. Hof- und Staatsdruckerei, Selbstverlag des Vereins, 1875
Der hier abgedruckte Text folgt, unter Verwendung der aktuellen Rechtschreibregeln, dieser Ausgabe.

Richard Leander
Der Vampir
Erstveröffentlichung wahrscheinlich 1877 in: *Deutsche Dichterhalle. Unter Mitwirkung der hervorragendsten Dichter und Schriftsteller*, Jahrgang 1877, Leipzig, Verlag von Johan Friedrich Hartknock, 1877
Der hier abgedruckte Text folgt, unter Verwendung der aktuellen Rechtschreibregeln, dieser Ausgabe.

Jakob Miller
Der Vampir
Erstveröffentlichung wohl 1878 in: *Puck. Illustrirtes humoristisches Wochenblatt*, Zweiter Jahrgang, No. 32, Lauf. No 84, New York, Keppler und Schwarzmann, 1878
Der hier abgedruckte Text folgt, unter Verwendung der aktuellen Rechtschreibregeln, dieser Ausgabe.

Karl Bleibtreu
Schutzengel
Erstveröffentlichung wahrscheinlich 1885 in: *Moderne Dichter-Charaktere.* Berlin, Selbstverlag von Wilhelm Arent 1885
Der hier abgedruckte Text folgt, unter Verwendung der aktuellen Rechtschreibregeln, dieser Ausgabe.

Otto Julius Bierbaum
Vampir
Erstveröffentlichung vor 1893 in: *Erlebte Gedichte*, Zweite Auflage, Berlin, Verlag von Wilhelm Issleib (Gustav Schuhr) 1893
Der hier abgedruckte Text folgt, unter Verwendung der aktuellen Rechtschreibregeln, dieser Ausgabe.

Richard Dehmel
Bastard
Erstveröffentlichung wahrscheinlich 1893 in: *Aber die Liebe*, München, Druck und Verlag von Dr. E. Albert & Co, Separato-Conto, 1893
Der hier abgedruckte Text folgt, unter Verwendung der aktuellen Rechtschreibregeln, dieser Ausgabe.

Richard Dehmel
Nun krümmt das welke Laub *(eigentlich nur Gedicht-Nr.: 13)*
Erstveröffentlichung wahrscheinlich 1903 in: *Zwei Menschen*, Berlin, Verlegt bei Schuster & Loeffler, 1903
Der hier abgedruckte Text folgt, unter Verwendung der aktuellen Rechtschreibregeln, dieser Ausgabe.

Richard Dehmel
Venus Homo
Erstveröffentlichung wahrscheinlich 1907 in: *Die Verwandlungen der Venus*, Berlin, S. Fischer, 1907
Der hier abgedruckte Text folgt, unter Verwendung der aktuellen Rechtschreibregeln, dieser Ausgabe.

Eduard Stucken
Die Vampirkatze
Geschrieben wohl 1894
Der hier abgedruckte Text folgt, unter Verwendung der aktuellen Rechtschreibregeln, dem Nachdruck in: *Balladen*, Zweite, veränderte Auflage, Berlin, Erich Reiss Verlag, 1920.

Eduard Stucken
Demi-Vierge
Geschrieben wohl 1897
Der hier abgedruckte Text folgt, unter Verwendung der aktuellen Rechtschreibregeln,

dem Nachdruck in: *Balladen*, Zweite, veränderte Auflage, Berlin, Erich Reiss Verlag, 1920.

Leo Sternberg
Die Genusssucht
Erstveröffentlichung wahrscheinlich 1900 in: *Leyer, Wanderstab und Sterne*, Wiesbaden, Verlag von Heinrich Staadt, 1900
Der hier abgedruckte Text folgt, unter Verwendung der aktuellen Rechtschreibregeln, dieser Ausgabe.

Hanns von Gumppenberg
Vampire
Erstveröffentlichung wahrscheinlich 1859 in: *Licht und Schatten Wochenschrift für Schwarz-Weiß-Kunst und Dichtung*, Band 1, Ausgaben 28–32, München und Berlin, Licht u. Schatten, 1911
Der hier abgedruckte Text folgt, unter Verwendung der aktuellen Rechtschreibregeln, dieser Ausgabe.